手绘山海经

怪物异兽

第五册

于春娥 ◎ 著
方艺 ◎ 绘

江苏凤凰文艺出版社
JIANGSU PHOENIX LITERATURE AND ART PUBLISHING

图书在版编目（CIP）数据

手绘山海经. 第五册, 怪物异兽 / 于春娥著；方艺绘. -- 南京：江苏凤凰文艺出版社, 2025.6. -- ISBN 978-7-5594-8364-5

Ⅰ. K928.626-49

中国国家版本馆CIP数据核字第2025AT9708号

手绘山海经·第五册 怪物异兽

于春娥 著　方 艺 绘

出 版 人	张在健
项目统筹	孙 茜
图书策划	墨染九州
责任编辑	周 璇
特约编辑	曹 月
装帧设计	乐 翁
责任印制	杨 丹
出版发行	江苏凤凰文艺出版社
	南京市中央路165号，邮编：210009
网　　址	http://www.jswenyi.com
印　　刷	天津睿和印艺科技有限公司
开　　本	710毫米×1000毫米 1/16
印　　张	54
字　　数	746千字
版　　次	2025年6月第1版
印　　次	2025年6月第1次印刷
书　　号	ISBN 978-7-5594-8364-5
定　　价	198.00元（全5册）

江苏凤凰文艺版图书凡印刷、装订错误，可向出版社调换，联系电话 025-83280257

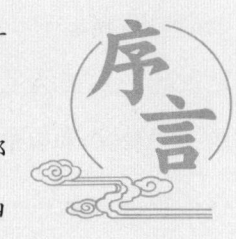

在中国，几乎男女老少都知道这样一部古老的奇书——《山海经》。

《山海经》是一部充满神奇色彩的著作，也是一部记述上古时期国家地理、神仙精怪的古籍，内容不但有山川、国家，还有药物、矿物、巫术等。里面的一草一木、一鱼一鸟、一兽一妖、一人一神都充满了无限魅力。

在《山海经》的世界里，有大禹的得力助手旋龟，有吃掉它可以消肿，祛除痔疮的虎蛟，有喜欢喝酒、跑得飞快的狌狌，有以乳为眼睛、肚脐为口的刑天……可以说，《山海经》不仅是后世文学艺术创作的源泉，也是中国传统神话传说的摇篮。

我们耳熟能详的"精卫填海""后羿射日""夸父逐日"等神话故事都是从《山海经》中诞生的，而庄子、屈原、李白、苏轼、关汉卿、蒲松龄、纪晓岚、鲁迅等人也受《山海经》影响颇深。在《山海经》的影响下，他们创作出极富想象力与创造力的作品，如《庄子》《离骚》《聊斋志异》《阅微草堂笔记》等。

在《阿长与〈山海经〉》中，鲁迅先生也用生动的语言写道："曾经有过一部绘图的《山海经》，画着人面的兽，九头的蛇，三脚的鸟，生着翅膀的人，没有头而以两乳当作眼睛的怪物……可惜现在不知道放在那里了。"

后来，鲁迅收到了长妈妈给他带来的四本《山海经》，读完后，鲁迅先生是这样描述自己当时心境的："我似乎遇着了一个霹雳，全体都震悚起来；赶紧去接过来，打开纸包，是四本小小的书，略略一翻，人面的兽，九头的蛇，……果然都在内。"

晋代诗人陶渊明在读完《山海经》后，被其瑰丽而大胆的想象所折服，然后一口气写成《读〈山海经〉十三首》，可见其影响力之深远。正因为《山海经》在中国文学中拥有极其重要的地位，所以新部编版小学语文课本中收入了《山海经》原文，而在新部编版初中语文课本中，更是明确要求孩子课外阅读《山海经》！

不过，《山海经》虽然对人们有着巨大的影响力与吸引力，因其生僻字多，孩子们读起来会很吃力。为此，《手绘山海经》应运而生！

本书将《山海经》原文进行梳理，在查阅各种资料的基础上，力图将原本生僻难懂的文字变得有趣。然而在撰写时，我们也发现，因为古籍流传版本的不同，《山海经》原文可能与我们的印象出现巨大的偏差，例如，后羿到底是人还是神？羲和与常羲的身份是怎样的？这在不同版本中就出现了矛盾，甚至在同一版本中还出现了同一个英雄或神怪在完全不同的两个故事里以不同的身份出现等问题。

鉴于此，我们结合《山海经》留下的多个版本，如《正统道藏》本、《古今逸史》本、《四库全书》本和《山海经校注》本，对所有元素都尽力做了最符合原文的说明，然终有无法尽善之处，还希望读者能够谅解。

但无论如何，作为中国古代最具有想象力、最奇异的文化典籍，阅读它，可以让我们的孩子了解我国源远流长的历史文化，增长知识，开阔眼界，丰富体验，获得乐趣。本书中长相奇特的动植物以及光怪陆离的传说故事，不仅能满足孩子对《山海经》的好奇心，而且能提高孩子的想象力与创造力。

在《手绘山海经》中，我们可以见识神奇的国家，有趣的鸟兽，威严的异人，奇幻的花草……为了提升孩子的阅读体验，本书还加入了大量精美的手绘插图。这些插图色彩鲜明，与文字搭配得非常巧妙，这种巧妙的图文搭配能让《山海经》中的神奇动物、植物跃然纸上，让《山海经》真正做到好看、好读、好懂！

下面，就让我们翻开本书，一同开启奇妙的"山海之旅"吧！

目录

上篇 祥瑞神兽

01 象征祥瑞的神鸟
凤凰……………002

02 像狗一样的"龙族使者"
天马……………005

03 "我喜欢与仙人为伍"
白鹿……………009

04 没有嘴巴却能自在生活的羊
羬………………012

05 会发出鼓声的一种蛇
长蛇……………014

06 可爱却能防毒的小兽
耳鼠……………017

07 能带来风雨的祥瑞神兽
水马……………021

08 孤独且美丽的神鸟
鸾鸟……………024

09 一飞万里,志向高远的鸟儿
大鹏鸟…………026

10 相助人间正义的瑞兽
应龙……………028

11 像狐狸一样的神马
乘黄……………032

12 混沌无面的神怪
帝江……………035

13 长相凶恶的祥瑞神兽
当康……………038

14 会唱歌且能带来子孙运的大马
鹿蜀……………041

中篇 神奇妖兽

15	长着鱼脑袋的龙 虎蛟............046	**22**	性情纯良却愚蠢的妖兽 麋............067
16	预示洪水的妖兽 夫诸............049	**23**	喜欢闹着玩的大马 孰湖............070
17	会带来干旱的人脸猫头鹰 颙............052	**24**	像老虎又像牛的猛兽 穷奇............072
18	会发出狗叫声的大马 狡狡............054	**25**	身体发白,长着角的马 䮗马............075
19	见人就呼唤自己名字的妖兽 足訾............057	**26**	贪吃的凶兽 饕餮............078
20	善于袭击人类的神兽 獓𤟤............061	**27**	白脑袋的神奇野猫 天狗............081
21	行踪诡异的神兽 英招............064	**28**	永远不知道害怕的神羊 獙𤟤............084

29	叫声像婴儿一样的狐狸 九尾狐············086	32	叫声如人一般的虎纹牛 羚羚············094
30	比虎豹还厉害的神马 䮝············089	33	白尾巴的神兽 那父············096
31	四只翅膀的蛇 鸣蛇············092	34	九头虎身的神兽 开明兽············099

下篇 奇异猛兽

35	长着翅膀的大蛇 肥蠋············104	41	会招来大水的怪兽 化蛇············121
36	会治病的大鸟 肥遗············107	42	能够吐出火焰的神兽 祸斗············123
37	长着千里耳的猴子 长右············109	43	独眼蛇尾的灾难之兽 蛮············126
38	红胡须的怪羊 葱聋············112	44	擅长投掷的猴子 举父············130
39	长着狗脑袋的老虎 独狢············114	45	浑身长满老鼠毛的鸟儿 蛮鼠············132
40	化身为鸟的天神 鼓············118	46	爱笑的猕猴 幽䴎············134

47	人面怪兽 窫窳............136		**52**	守着宝藏的猛兽 蠱蛭............148
48	有赤红大脚的猿猴 朱厌............138		**53**	吃人的猛兽 蛊雕............150
49	长着人脸牛耳朵的神兽 诸犍............140		**54**	像鹿一样的白尾巴神兽 獂如............152
50	能够辟邪的神犬 豀边............143		**55**	能够辟火的神兽 朧疏............154
51	狡猾凶狠的奇异动物 朱獳............146		**56**	能日行千里的神兽 驳吾............157

上篇

祥瑞神兽

象征祥瑞的神鸟

分类：祥瑞神兽

属性：百鸟之王

外貌：形状像鸡，羽毛五彩斑斓，通身都有纹饰

特点：无比祥瑞，现世后天下太平，人民安居乐业

> 《山海经·南山经》原文有"丹穴之山……有鸟焉，其状如鸡，五采而文，名曰凤皇，首文曰德，翼文曰义，背文曰礼，膺文曰仁，腹文曰信。是鸟也，饮食自然，自歌自舞，见则天下安宁""（南禺之山）佐水出焉，而东南流注于海，有凤皇、鹓鶵（雏）（yuān chú）"的说法。凤皇即凤凰。

古时候，有一种五彩斑斓的鸟儿，深受人们喜爱。这种鸟儿身高约六尺，头部像鸡，脖子像蛇，尾巴长长的。其中，最奇妙的当数它的羽毛。

它头上的羽毛有一个"德"字花纹；背上的羽毛有一个"礼"字花纹；翅膀上的羽毛有一个"义"字花纹；前胸的羽毛有一个"仁"字花纹；腹部的羽毛有一个"信"字花纹。这种羽毛上带有"德、仁、礼、义、信"的鸟儿，便是我们熟悉的凤凰了。

凤凰是中国古代传说中的百鸟之王，雄性为"凤"，雌性为"凰"。在丰富灿烂的中华民族文化中，凤凰是与龙并驾齐驱的祥瑞神兽。相传，周文王时期，有凤凰聚集在陕西凤翔、岐山一带，周朝也因此兴盛，可见凤凰是一种代表吉祥的鸟儿。

可是，凤凰虽美，却不是人人都能亲眼见到的，就连"五帝之

首"的黄帝,想见凤凰一面都是难上加难的。

当时,黄帝即位,觉得四海太平,于是想亲眼看看传说中的凤凰究竟长什么样子。为此,他专程去请教自己的辅臣天老。

听完黄帝的问题,天老说道:"凤凰是代表祥瑞的神鸟,若要它显形,必须开创一个太平盛世才行。平时我们能见它掠过就很不容易了,更何况您是想看它在百鸟群中飞舞,这更是千载难逢的祥瑞。"

听完天老的回答,黄帝很不高兴地说:"我即位后四海升平,怎么连凤凰的影子都没见着呢?"

天老说道:"东有蚩尤,西有少昊,南有炎帝,北有颛顼(zhuān xū),在我看来,您的四方都是强敌,又何来四海升平之说呢?"

黄帝心悦诚服,立刻整军备战,将四方强敌一一征服,实现了天下一统。在天下太平的那一刻,黄帝忽然看到一只五彩斑斓的美丽鸟儿翱翔在空中,有数不清的珍奇鸟儿围着它翩翩起舞。

黄帝为世间带来了和平,他也如愿以偿地看到了传说中的瑞象——百鸟朝凤。

今天展现在我们面前的凤凰形象,无疑是中华民族数千年来逐步进化的结晶。凤凰的祥瑞文化,高度概括了中华民族的形成、融合与发展。

作为上古祥瑞神兽的一种,凤凰代表的"德、仁、礼、义、信"也对塑造陶冶民族性格至关重要。可以说,凤凰本身就浓缩和寄寓了中华民族的传统文化与伟大精神。

02 像狗一样的"龙族使者"

分类：祥瑞神兽
属性：传说中的宝马良驹
外貌：身体像狗，体白而头黑，能够飞翔
特点：日行千里，变幻无常

> 《山海经·北山经》原文有"又东北二百里，曰马成之山，其上多文石，其阴多金玉。有兽焉，其状如白犬而黑头，见人则飞，其名曰天马"的说法。

提到"弼马温"，大家都会想到孙悟空。

孙悟空从菩提老祖那里学到七十二变与筋斗云后，便去东海龙宫夺了"如意金箍棒"，紧接着又大闹阴曹地府，私改生死簿，玉帝十分震怒，便派天兵天将去捉拿这只妖猴。谁知，天兵天将非但没将孙悟空捉来，反而被打得溃散而逃，让天庭颜面尽失。

玉皇大帝头痛不已，太白金星笑着说道："何不下一道招安的圣旨，给孙悟空一个小官做做？"玉帝略一思索，便依照太白金星所言，封孙悟空为"弼马温"，专门给天庭看管马匹。

要知道，孙悟空看管的马匹并不是一般的马，而是玉皇大帝及各路天神的座下神兽——天马。天马的躯体非常强悍，虽然没有翅膀，但却可以腾云驾雾。孙悟空在天庭任"弼马温"一职时，便曾驾驭着天马，在银河中奔跑遨游。

其实，天马虽然体魄强悍，但却是十分胆小的动物，而且也不像凡马那样高大。天马的样子就像一只白犬，但是头部是黑色的，只要

看到人，它们就会被吓得飞上天去。当然，天马虽然体形不大，但给孙悟空当坐骑还是十分合适的。

我们都听过一个成语，叫"天马行空"，这个成语的本意就是天马可以奔驰于天空。

天马不仅能够在天上飞行，还非常的敏捷，因此遇见人立刻就会飞上天。此外，虽然天马十分胆小，但它作为神兽依然有着震慑力，能令狼虫虎豹等猛兽不敢靠近。

后来，有的天马与凡马交尾，从而衍生出一种新的凡马，名曰"西极天马"，也就是我们熟悉的汗血宝马。

在汉武帝时期，酷爱骏马的汉武帝派遣使臣去大宛国购买"西极天马"。谁知，大宛国的国王杀掉了汉武帝的使臣，侵吞了财物。汉武帝勃然大怒，立刻派遣李广利将军前去讨伐大宛国，并带回3000匹"西极天马"。

今人顾马曾为"西极天马"题过诗，全诗为："雄姿顾盼入轮台，风洗轻蹄踏燕回。龙种但求流汗血，空携苜蓿汉家栽。"虽然这首诗主要是感慨汉武帝穷兵黩武，但在某种程度上，也能显现出"西极天马"的英姿。

"我喜欢与仙人为伍"

白鹿

分类：祥瑞神兽
属性：行动轻盈，无比贞洁
外貌：像梅花鹿，通体白色
特点：传递祥瑞，为见到的人带来吉祥

> 《山海经·西山经》原文有"又北百二十里，曰上申之山，上无草木，而多硌石，下多榛楛（kǔ），兽多白鹿"的说法。榛楛为两种树木的名称，即榛树和楛树。

我们翻阅仙侠故事，或观看仙侠电影时，经常会看到仙人身边跟着一头毛色雪白的鹿，比如南极仙翁的坐骑就是一只白鹿。

传说中，白鹿经常与仙人为伍，是一种祥瑞神兽。不过，这种瑞兽偶尔也会到人间转转，为自己敬仰的人类"打打工"。

有"李万卷"之称的唐代大臣李渤，年少时曾住在五老峰东南麓的一个山洞里。他在山洞中日夜苦读，雕琢诗文，这一读便是整整两年。

一日，五老峰巅有一群脚踏祥云的神鹿路过，它们看到晨读的李渤，十分敬佩。其中一只白鹿被李渤吸引，便留下来默默观察他。经过一番观察，白鹿被李渤日夜攻读的刻苦精

神所感动，于是飞下云端陪伴李渤读书。

从此，李渤身边便有了白鹿相伴。晨起，白鹿引颈长鸣，让李渤能够在朝霞之下读书；傍晚山风习习，白鹿便衔过长袍薄毯，为李渤披上御寒；深夜，李渤伏案而睡之际，白鹿便进深山采集山参，送到桌案之上为李渤补养身体。

为了让李渤更加专心地读书，白鹿主动承担起购买笔墨纸砚的任务。有时候遇到山雨滂沱，白鹿还会唤来神鹿群，一起簇拥着李渤，为其遮风挡雨。李渤感念白鹿的情义，这一人一鹿之间的感情日益深厚。

后来，李渤告别白鹿，前去求取功名。皇天不负有心人，李渤终于功名成就，做上了江州刺史。上任后，李渤穿过松竹小径，去洞中寻找白鹿而不得。原来，白鹿早就腾云驾雾返回天庭了。为了纪念白鹿，李渤便将当年读书的山洞改名为"白鹿洞"。

古往今来，白鹿一直以"祥瑞神兽"的身份出现在人们面前。据说，普通的鹿要生长千年，皮毛才会变成苍色；再生长五百年，毛色才会变白。由此可见，白鹿是一种珍贵、少见的吉祥之兽。

古人相信，只有在政治清明、天下太平的年代才能看见白鹿，且获得白鹿能让人延年益寿，身体康健。《尚书》记载，周穆王为了获得白鹿不惜发动了一场战争。《明史》中也有臣子将白鹿进献给朝廷以求封赏的记载。

白鹿作为象征长寿的仙兽，寄托了古人渴望长寿的愿望，也寄托了人们渴望和平的心愿。

04 没有嘴巴却能自在生活的羊

羬(huán)

分类：吉祥灵兽
属性：不死之羊
外貌：身体像羊却没有嘴巴
特点：传播吉祥，现世后风调雨顺

> 《山海经·南山经》原文有"又东四百里，曰洵山，其阳多金，其阴多玉。有兽焉，其状如羊而无口，不可杀也，其名曰羬"的说法。

　　动物能够永远不吃不喝地生活下去吗？当然不能，没有营养摄入，动物很快便会死去，这是我们都知道的常识。然而，我国的古书当中却记载了一种神奇的羊，它不需要进食就能生活。

　　羬，就是我们上文提到的不用进食的羊。传说羬生活在南部山系中的洵山上，不仔细观察的话，羬的样子几乎与山羊一样，它们都有两只角、四只蹄和雪白的毛发。但是，如果仔细观察，我们就会发现羬与山羊最大的不同——羬没有嘴！

　　没有嘴的羬，不像普通的动物一样需要进食。即使是这样，羬也不会死去，它们依然能够正常地生活。

　　人们常常将羬当作一种富有灵气的生物，传说，羬原本是天神座下的神兽，由于羬热爱自由，不愿意被天上的条规所束缚，所以便选择做自由自在的人间动物。它们离开天界之后，选择在多金多玉的洵山生活。

　　选择人间的生活虽然让羬得到了自由，但是也需要付出一些代价。天界为了防止它们说出神仙的机密，便没收了羬的嘴，所以羬就

成为一种没有嘴的动物。为了能够让失去嘴的觥能够在人间生活,天界便准许觥可以不靠吃东西而生活。

据说,觥虽然变成了人间的动物,但是它们却依然能够带给人间祥瑞。只要是觥经过的地方,都会开满各色的鲜花。不仅如此,觥生活的地方也会风调雨顺、五谷丰登。.

05 会发出鼓声的一种蛇

长蛇

分类：吉祥灵兽
属性：守护之兽
外貌：身体像蛇而长着硬硬的鬃毛
特点：通人性，守护家宅

《山海经·北山经》原文有"北二百八十里，曰大咸之山，无草木，其下多玉。是山也，四方，不可以上。有蛇名曰长蛇，其毛如彘（zhì）豪，其音如鼓柝（tuò）"的说法。柝是古代巡夜时敲击的木梆，是古人用来报时的一种木制工具，柝声就是敲击木棒的声音。

北边的大咸山，是方圆二百八十里内最陡峭的山脉。这座巍峨的山峰，四面都呈九十度的直角，笔直地耸立在天地之间。在这样危险的山峰上，连草木都不会生长，但是神奇的是，这里却居住着一种大蛇，它的名字叫作长蛇。

长蛇与普通的大蛇一样都没有步足，主要通过身体蜿蜒盘旋的方式前进，但是，它们也有与普通蛇明显不一样的地方：它们的身上并没有光滑的鳞片，而是长着与猪脖子上的硬鬃毛相似的坚硬的鬃毛。它们也不会发出蛇一样的"咝咝"声，它们的声音就像击鼓和打梆的声音一样，震天动地，响彻云霄。

古人认为，长蛇是一种富有灵性的生物，它们的前身是具有神力的龙，会保护人类。传说在一个国家中，如果主人是正直善良的，家宅下方就会居住着长蛇，长蛇会守护房屋的主人，不让他们被恶人伤害。

据说,在长蛇定居大咸山之前,它们曾经居住在大咸山附近的一处李姓村落。村子里有一位名叫李义的青年,既正直,又善良。他常常帮助弱小,关心孤老,还替村里人打抱不平。

有一次,李义在回家的路上遇到了打劫村民的劫匪,他挺身而出,赶走了正在实施恶行的匪徒,救下了村民。抢劫不成的劫匪对李义怀恨在心,他们相约在次日夜里杀害李义。

次夜,当劫匪来到李义家附近,准备翻墙进入宅院时,他们忽然听到了一阵击鼓的声音,那声音震得他们身体乱颤,连站都站不稳了。等他们缓过劲儿来,就看到李义家门口正盘着一条巨长无比的长蛇,正昂着头向他们吐着芯子,目光也犀利得像匕首一般,好像要将他们杀死一样。劫匪们从未见过如此场景,立刻失魂落魄地逃走了。

村里路过的人偶然看到这个场景,就将这件事告诉了其他人,人们都说:"李义为人正直,连吉祥的长蛇都要保护他哩!"

后来,李义年迈死去,长蛇也随着李义的逝去,将居所转移到了大咸山,成为大咸山的一个传说。

可爱却能防毒的小兽

分类：效用灵兽
属性：祛毒之兽
外貌：身形像鼠，长着兔子的脑袋
特点：食用之后百毒不侵

《山海经·北山经》原文有"又北二百里，曰丹熏之山……有兽焉，其状如鼠，而菟首麋耳，其音如嗥犬。以其尾飞，名曰耳鼠，食之不睬（cǎi），又可以御百毒"的说法。"睬"是一个古文生僻字，其为腹部鼓胀的意思。

看了那么多奇形怪状的野兽，现在我们来认识一种可爱的小兽吧！

耳鼠的样子有多可爱呢？它的身形像仓鼠一样，又短又圆。它的头部像萌萌的小兔，耳朵像麋鹿的耳朵，又长又大。除了这些可爱的特征外，耳鼠能依靠尾巴飞行。

这样可爱的小兽，如果生在现代，是能被充当像猫咪或者狗狗一样的家庭宠物的，但是在古代，它们却没有这么幸运。

原来，这些可爱的耳鼠具备一种特殊的功能——治疗大肚子。古人虽然吃食没有现代好，但是却仍然有一些大腹便便肥胖的人。这些人要是想减肥，除了减少饭量、多运动，还可以捕捉耳鼠

做"减肥药"。

传说，在丹熏山下，王员外家的大儿子王大平曾经就以耳鼠为食，迅速将自己的大肚子瘦了下来。王大平生来就是易胖体质，他不管吃什么饭食都容易长肉。王员外看着自己的儿子身体越发圆润，体重日渐上升，心里十分焦急，说道："这肥胖身材虽然是富贵的象征，但是，王大平的肚子快像十月怀胎的女子一样了！再胖下去，他恐怕连路都走不了了！"

为了帮助儿子减肥，王员外找遍了附近的医师。王大平光是汤药就喝了几大水缸了，但是身体却不见瘦下来，反而还因为汤药又胖了不少！

附近的村民看王员外一筹莫展，纷纷表示同情，他们将自己熟知的偏方告诉王员外，希望能帮助王大平减肥，其中有一个偏方便是以耳鼠为药。

方法尽施的王员外除了相信偏方也没有其他好方法，于是他挑选了几个无毒的方子，吩咐厨房每日给王大平服用。

本来，王员外并没有对这些偏方抱有希望，但令人惊喜的是，王大平服用了耳鼠的偏方后，肚围竟然真的减少了几分。经过几个月的服用，王大平的肚子竟然真的渐渐"瘪"了下来。

后来，这故事就流传到了民间，就有越来越多的人知道了耳鼠的功效。

能带来风雨的祥瑞神兽

水马

分类：吉祥灵兽
属性：龙的使者
外貌：身形是马，尾巴却像牛，四条腿有纹饰
特点：能够帮助人祈雨

> 《山海经·北山经》原文有"又北二百五十里，曰求如之山，其上多铜，其下多玉，无草木。滑水出焉，而西流注于诸毗（pí）之水。其中多滑鱼，其状如鳝（shàn），赤背，其音如梧，食之已疣。其中多水马，其状如马，文臂牛尾，其音如呼"的说法。

相传，马是龙的使臣，每当龙族现身，必定会有马来开路。在《西游记》中，西海龙王三太子敖烈因纵火烧了玉帝赏赐的夜明珠，所以被罚陪伴唐僧同去西天取经。在蛇盘山鹰愁涧前，敖烈误吃了唐僧所骑的白马，于是便化身为白龙马，驮着唐僧前往西天。

敖烈化身白马，就等于自降身份，由王族成为一介使臣。但即使化身为白马，敖烈也是最有身份的马。

一个叫求如山的地方，有一条名叫滑水的河。求如山是滑水的发源地，滑水从此出发，一直向西流动，最后并入其他水域中。在滑水中，有许多外形与普通马相同，但腿上长有花纹，且尾巴像牛一样的水马。

这些水马是灵瑞之兽，相传，只要它们出现，此处便会风调雨顺、国泰民安。

一日，一匹水马在外出觅食时受了伤，它在山间不断发出悲鸣。

由于水马的叫声很像人类呼唤同伴的声音,所以被去金山采矿的人类发现了。

这些人看到水马的样子,又看到它腿上的花纹,知道这不是一匹普通的马,但谁也说不好它究竟是什么品种,只好先给水马治了伤。晚上,人们带水马下山,村落里的长老见了水马,十分激动,急忙对着水马拜起来。长老解释,这是龙的使者,是一种名叫水马的龙马,今天人们救了它,它一定会为村落降下甘霖,解救村民的。

原来,这个村落受旱灾影响,田地龟裂,已经两年没有任何收成了。人们纷纷叩拜水马,并为它献上食物,希望它能带来龙族,为村落降雨。

水马接受了村民的食物,在村里养好伤后便离开了。没过多久,天空乌云密布,一场大雨便倾盆而下。大雨下了三天三夜,雨水滋润了龟裂的大地,为村民们带来了希望。

为了感念水马的降雨之恩,村民专门为水马和龙族建了雨水庙,就连村子的名字也改成了"水马村"。时至今日,仍有不少地方供奉水马,以求风调雨顺,平安顺遂。

08 孤独且美丽的神鸟

分类：吉祥灵兽
属性：圣洁之鸟
外貌：身形如凤凰，却不是真的凤凰
特点：世间罕见，见到之后会有祥瑞

《山海经·西山经》原文有"有鸟焉，其状如翟而五采文，名曰鸾鸟，见则天下安宁"的说法。鸾鸟与凤凰并不是同一种鸟类。

因为一个叫"鸾凤还巢"的词，我们便经常把"凤凰"和"鸾鸟"搞混，认为鸾鸟是凤凰的别称。其实，鸾鸟与凤凰是两种不同的鸟类，但二者都是《山海经》中象征着祥瑞吉祥的神鸟。

与凤凰一样，鸾鸟也是分雌雄两种的，雄性称"鸾"，雌性称"和"。鸾鸟是一种拥有五彩羽毛且象征爱情的鸟儿。传说鸾鸟的叫声有五个音节，且非常动听。为了模仿鸾鸟的叫声，周朝时，人们发明了一种系着铃铛的"大备法车"，这种车就是后世所称的銮车。

可是，这种象征爱情的鸟儿，其相关传说却都与孤独、悲伤有关。

相传，鸾鸟一出生，便开始寻找自己的另一半。可令人悲伤的是，这个世界上只有一只青鸾，无论它飞越高山，飞越大海，都无法找到自己的另一半。就在它筋疲力尽的时候，一户人家的铜镜吸引了它。铜镜中映出了鸾鸟的身姿，镜中的鸾鸟正在热切地望着它。

鸾鸟终于找到了自己的另一半，可它却触碰不到镜中的鸾鸟。欣喜、悲伤、孤独的心情充满了鸾鸟的内心，它挣扎着拍动翅膀，发出一声从未发出过的悲鸣,就这样泣血而亡了。这便是"临镜生悲"这个词的由来。

除了这个传说,还有一个关于鸾鸟的传说,也是和孤独、悲伤有关。

神创造鸾鸟后,便给它下达了"一直飞翔"的命令。鸾鸟不理解,神便对它说:"你只有一直飞翔,才能找到命中注定的伴侣。"

鸾鸟接受了神的指令,从白天飞到黑夜,从黑夜又飞到黎明。其间,它看到了很多与自己相同的鸾鸟,也遇到了自己命中注定的那只。可是,它没有办法停下,只能日复一日、夜复一夜地在天空翱翔。

它发出了悲鸣,奈何声音却悦耳动听,听到鸾鸟鸣叫的人十分欣喜,把酒欢庆。在大家欢乐的歌声中,鸾鸟终于筋疲力尽,再也挥不动翅膀。

鸾鸟是守护人们平安喜乐的神鸟,也是祥瑞与忠贞的象征。虽然鸾鸟的传说令人扼腕叹息,但它却代表了和谐美好、天下太平。

传说中,鸾鸟隐息山崖,只饮清露,日戏云间,晚宿兰池,是一种圣洁高雅的鸟儿。因此,古人也常用"皎皎鸾凤姿""鸾凤之姿"来比喻贤士或美人。

09 一飞万里，志向高远的鸟儿
大鹏鸟

分类：吉祥灵兽
属性：独立之兽
外貌：拥有宽阔的翅膀
特点：孤高独立，能长久飞行

> 《山海经·海外北经》原文有"北方禺彊（qiáng），人面鸟身，珥两青蛇，践两青蛇"的说法。考证《庄子》《淮南子》的源流，禺彊就是大鹏鸟的化身。

在我国神话传说中，有一种奇大无比的鸟，它的名字叫作大鹏鸟。大鹏鸟的身体构造虽然与鸟类相似，但是它们却有着无比宽阔的翅膀。双翅张开的大鹏鸟，几乎有几千里那样庞大。大鹏鸟的翅膀挥动一下，掀起的水浪有三千里那样高，扶摇而上的距离也达九万里。

大鹏鸟的飞翔能力，是其他鸟类所不能望其项背的。也正是这独有的飞翔天赋，使得大鹏鸟生来就孤高独立，不愿与其他弱者为伍。它们希望能够飞上云彩密布的天空，背负着蓝天，最后到达它们理想中的南方世界。

有远大理想的大鹏鸟，与人类世界当中那些有才情、有理想的青年相似。于是，大鹏鸟就成了那些志向高远、豪放豁达的人的象征。

大鹏鸟固然伟大，但是它们却不是生来就能飞翔。传说大鹏鸟最初是一种名为鲲的鱼类，鲲在海里生活，但是它却向往着蓝天白云，它希望自己可以像鸟儿一样自由飞翔。

有了理想的鲲，想尽了一切方法化为鸟儿。在经过几千年几万年

的幻化后,它终于达成了愿望,化为了大鹏鸟。当它有了巨大的翅膀后,又发现蓝天和白云并不是自己理想的彼岸,于是,它开始向往南方,向往人们所说的春暖花开、风和日丽的南方。

鲲化为大鹏鸟,是人们传统的观点。不过,也有人认为,鲲并不是大鹏鸟最原始的样子,禺彊才是大鹏鸟最初的化身。

禺彊是生活在北方的神明,他有着人的面庞和鸟的身体,耳朵上挂着两条青蛇,脚下还踏着两条青蛇。不过,这只是他的一种模样。传说禺彊是控制海和风的神,当他以风神的名义出现时,他的模样就是人面鸟身,有青蛇相伴;而当他以海神的名义出现时,他的模样就变成了人的面庞、鱼的身体。

禺彊变幻莫测的两种形态,经民间的演绎,在《庄子》和《淮南子》中化身成为鱼和鸟的结合,即鲲鹏,而鲲鹏再经传说就成了佛教的大鹏金翅鸟,所以禺彊就是大鹏鸟的最初样子。当禺彊是海神时,它就是鲲;而当它是风神时,就是大鹏鸟。

10 相助人间正义的瑞兽

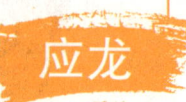
应龙

分类：吉祥灵兽
属性：正义之兽
外貌：龙形，有翅膀
特点：能祈雨，善于锄奸惩恶

> 《山海经·大荒东经》《山海经·大荒北经》原文有"大荒东北隅中，有山名曰凶犁土丘。应龙处南极，杀蚩尤与夸父，不得复上，故下数旱。旱而为应龙之状，乃得大雨""夸父不量力，欲追日景，逮之于禺谷。将饮河而不足也，将走大泽，未至，死于此。应龙已杀蚩尤，又杀夸父，乃去南方处之，故南方多雨"的说法。

中华民族拥有悠久而灿烂的文化，孕育出无数有趣的故事，其中最有意思的便是神话传说。

在科学很不发达的古代，老祖宗们每天都会遇到"光怪陆离"的事情。这些事情没有一个科学的解读，他们只能靠想象力编造出一系列神话故事。其中，有这样一个关乎人类命运的故事，便与我们的"主人公"应龙有关。

上古时代部落林立，有两个部落格外强大，其中一个部落的首领是黄帝，另一个部落的首领是蚩尤。黄帝部落与蚩尤部落不停地吞并周边的小部落，最后只剩下这两大势均力敌的部落。为了统一中华，黄帝率军攻打蚩尤，其中最著名的便是涿鹿之战。

当时，黄帝与炎帝联手，派出了自己最强的部队。其中，有一员名叫应龙的大将，有一个特殊的能力便是化身为龙。每当黄帝亲自出战时，它便成为黄帝的坐骑。

应龙生有双翼，身上披满鳞片，脊部有刺，头部又大又长，牙尖嘴利，但鼻子、眼睛和耳朵都比较小。应龙的眼眶很大，眉弓也很高。它的前额凸起，颈部纤细，四肢强壮，就像一只生了翅膀的凶鳄一般。

开战之际，应龙凭一己之力，鏖（áo）战虎、豹、熊、罴（pí）四兽。从此，只要应龙出现在战场上，蚩尤的部下就会胆战心惊，四散溃逃。

应龙还间接导致了夸父的死亡，为了在"蓄水战"积蓄大量的水，他将沿途的水源都吸干了，只剩下两条大河，导致夸父在逐日的路上很难找到水源。当夸父喝光黄河水后，没走到另一条大河，就因口渴死了。不过，应龙也因为在"蓄水战"中消耗了过多的能量，再也无力挥动翅膀返回天庭，于是便独自蛰居在南方的山泽里。

物华变幻，斗转星移，应龙在南方山泽中度过了无数个春秋，而外面的世界也来到了大禹时代。大禹时代洪水泛滥，民不聊生，大禹作为部族领袖，便担负起拯救苍生的重任。应龙前来相助，以尾扫地，将洪水疏导开来，拯救了无数黎民百姓。

应龙原本就是天上的神兽，相传，它生下了凤凰与麒麟，是专门相助人间正义的祥瑞神兽。应龙是中华传说中的真龙，在先秦的记载中，只有一条名为庚辰的应龙，就是我们前面提到的这条了。

11 像狐狸一样的神马

乘黄

分类：吉祥灵兽
属性：赐福之马
外貌：身长如马，身形如狐狸，背部有角
特点：会治病，人骑乘后能增长寿命

《山海经·海外西经》原文有"白民之国在龙鱼北，白身披发。有乘黄，其状如狐，其背上有角，乘之寿二千岁"的说法。虽然乘黄长得像狐，但它却是一种神马。

很久很久以前，有一个靠采药为生的哑巴少年名叫陈昉。一日，陈昉照常在山中采药，却发现天上忽然掉下一只背上长角的"小狐狸"！这只"小狐狸"浑身都是血痕，已经奄奄一息了。

陈昉赶紧拿出背篓里的草药，将汁液灌进"小狐狸"嘴中，又将其他药材敷在它受伤的地方。在陈昉的救治下，"小狐狸"终于醒了过来。看到陈昉后，"小狐狸"口出人言，对陈昉表示了感谢。它还指导陈昉采集草药，治好了他的哑症。

一天，陈昉在采药的时候频频叹气，"小狐狸"知道，他是因为家境贫寒无法娶妻而发愁，于是便给他出了个主意。

原来，皇帝患了疥癣之疾，浑身刺痒难耐。虽然遍请天下名医，但谁都无法治愈这种病症。"小狐狸"给了陈昉一包草药，嘱咐他将药煎成汤，放入皇帝的洗澡水中。在"小狐狸"的帮助下，陈昉揭了皇榜，并带着草药入宫了。

按照"小狐狸"的办法，陈昉果然医好了皇帝的病。皇帝十分高兴，赏给陈昉黄金千两。这下子，陈昉从一个穷小子变成了远近闻名的大财主，上门说亲的人踏破了陈昉家的门槛。在众多女子里，陈昉选中了刘员外家的千金。这位刘小姐花容月貌，楚楚动人。陈昉将刘氏娶过门后，便对她言听计从。

一日，"小狐狸"到陈昉家玩耍，刘氏见到它大吃一惊。原来，她知道这根本不是什么小狐狸，而是传说中的瑞兽乘黄。传闻，只要骑着它转上一圈，便可以获得两千年的寿命。刘氏立刻缠着陈昉，说什么都要骑乘黄转上一圈。陈昉虽然觉得不妥，但却不敢违拗妻子，只好去跟乘黄商量。乘黄听完陈昉的请求，心里暗暗叹息，但碍于陈

昉的救命之恩，它还是点头同意了。

于是，乘黄摇身一变，变成了一匹有角的神马。陈昉与刘氏骑乘后，刘氏又求乘黄，让自己的亲朋好友都能长寿。乘黄摇了摇头，称自己的一生只能赠予两个人千年寿命，其余的人就算骑乘自己，也不能增添寿命。被长寿愿望蒙蔽双眼的刘氏不听劝告，硬要所有亲朋都骑乘一番。无奈，乘黄只得答应。所有人骑乘过后，乘黄便离开了陈昉的家，从此再也没有出现。

转眼几十年过去了，陈昉与刘氏的子孙都染上了好吃懒做的恶习，家产也很快挥霍一空。而且陈昉还发现，虽然自己与刘氏的样貌多年未变，但子女们却垂垂老矣，这让他十分痛苦。这时，刘氏让陈昉去把乘黄抓来，给子孙分食。她认为，神兽的血肉肯定能让子女长生不老。陈昉有些为难，但最后还是狠下心肠去抓乘黄。乘黄早知陈昉的来意，感叹"人心无足，果然如此"，于是，它便挥动翅膀回了天庭。

在古人看来，乘黄是赐予人们寿命的祥瑞神兽，只有福泽深厚的人才能遇到它。可是，陈昉与刘氏贪心不足，只能自取其咎。所以，人类遇上瑞兽后是福是祸，谁又能说得清呢？

混沌无面的神怪

分类： 祥瑞神兽
属性： 中央天帝
外貌： 身形如狗，体大如熊，只有身子没有头，有六条腿和四只翅膀
特点： 守护四方

《山海经·西山经》原文有"又西三百五十里，曰天山，多金玉，有青、雄黄。英水出焉，而西南流注于汤谷。有神焉，其状如黄囊，赤如丹火，六足四翼，浑敦无面目，是识歌舞，实惟帝江也"的说法。帝江是一种上古神兽，但在一些记载中，黄帝也被称作"帝江"。

很久很久以前，有一个叫作帝江的神兽。它的外形像一只长着黄色长毛的狗，又像一头稍小一些的熊。帝江有六条腿，但却没有爪子，有四只翅膀却无法飞翔，有耳朵却听不见声音，有肚子却没有内脏，有肠子却没有回弧——因为帝江没有嘴，所以它也不必考虑消化的问题——总之，由于帝江"浑敦无面目"，所以人们又把它称作"混沌"。不过，帝江这种上古神兽虽然没有面目，却懂得唱歌跳舞。

在帝江那个时代，世界被三个天帝统治着。"南海天帝"叫作倏，"北海天帝"叫作忽，而"中央天帝"便是帝江了。

相传，帝江住的天山不仅是英水的发源地，而且有很多玉石、雄黄，风景也相当不错。当时，世界没有多少需要管理的事情，所以"南海天帝"与"北海天帝"便经常跑到天山玩耍。

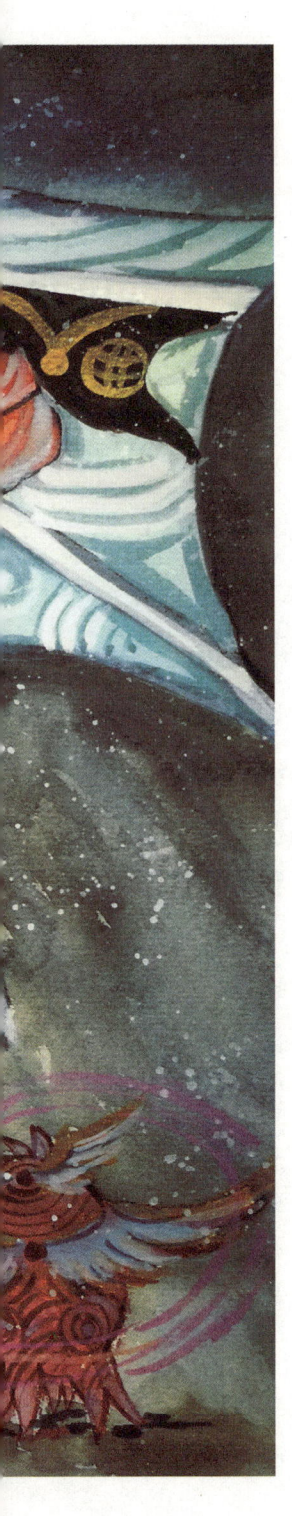

帝江对"南海天帝"与"北海天帝"很热情,也从来没有嫌弃二人来得频繁。可是,"南海天帝"与"北海天帝"总觉得太打扰帝江的生活,很是过意不去。

一天,"南海天帝"与"北海天帝"又来找帝江玩耍,他们看到天山风景秀美,突然想让帝江也看一看。于是,二人拿着凿子和斧头,准备帮帝江打造眼睛、耳朵、鼻子、嘴巴,好让他能够观赏秀丽的风景,听到悠扬的声音,闻到清香的气味,品尝美味的食物。

接下来的六天,"南海天帝"与"北海天帝"每天都帮帝江开一窍。帝江因眼前的美景沉醉不已,这是它从未有过的体验。到了第七天,"南海天帝"与"北海天帝"如约而来,准备帮帝江凿出嘴巴。可是,帝江却再也忍受不住疼痛,还未来得及说出话就死掉了。

"南海天帝"与"北海天帝"十分悲痛自责,这时,无数奇花异草从帝江的身体上生长出来,帝江变成了这美丽世界的一部分,永远守护着天山。

在古人看来,"南海天帝"与"北海天帝"的名字,合起来便是指代时间的"倏忽";而帝江(混沌)所指代的,则是混沌纯朴的空间。"南海天帝"与"北海天帝"为帝江开窍,就是说随着时间的流逝,空间终会从最初的混沌一团变成天地分明、山清水秀的样子。

而且,"南海天帝"与"北海天帝"属一南一北,这与春秋时期庄子提倡的一阴一阳如出一辙;帝江居中央,便是阴阳结合产生的"道"。

时间改变了洪荒大地,万物开始繁衍繁盛。帝江之死,代表了混沌世界的消亡,也代表着古人对美好未来的期待。

长相凶恶的祥瑞神兽

分类：祥瑞神兽
属性：丰收之神
外貌：身形如猪，嘴露獠牙
特点：可以让饥荒消失，天下丰收

> 《山海经·东山经》原文有"又东南二百里，曰钦山，多金玉而无石。师水出焉，而北流注于皋泽，其中多鳡鱼，多文贝。有兽焉，其状如豚而有牙，其名曰当康，其鸣自叫，见则天下大穰"的说法。

从前，在山中栖息着一种体形不大、外形像猪且有獠牙，但浑身有柔顺毛发的神兽，名字叫当康。这种神兽像一头小型恶兽，毛发虽然柔顺，却有极强的防御能力，而且它的大獠牙也十分锋利，是很有攻击性的强大武器。

当康外表像猪，实际也像猪一样能吃。而且它们的口味刁钻，只喜欢吃粮食，从来不吃不合胃口的食物，是一种贪吃且挑食的神兽。不过，当康虽然看上去很凶，但它却很受人们喜爱，因为当某地要获得大丰收的时候，当康就会从山里出来，一边"当康当康"地叫着，一边告诉人们丰收将至。所以，当康是一种象征丰收的祥瑞神兽。

传说，钦山中有一群当康，它们守着满山的黄金、玉石、鳡鱼、文贝，但却不吃不喝也不开心。原来，钦山外面正在闹灾荒，人们没有粮食吃，当康也失去了最爱的食物。

为了吃到美味的粮食，当康决定救助钦山外面的百姓。它们从山里驮出黄金和玉石，可百姓们纷纷摇头，在灾荒年代，就连金玉也买

不到宝贵的粮食。

　　村里一位长老对当康说道："外面的灾荒是因为土地缺水造成的，如今连人都没有水喝，又哪里能种粮食呢？"

　　当康们纷纷用獠牙开垦土地，又引来钦山中的山泉，土地有了水分的滋润，很快便长出了许多庄稼。百姓们获得了大丰收，当康也迫不及待地呼唤同伴，一起吃起了美味的粮食。

　　由于当康体形较小，且数目不多，所以它们吃掉的粮食只是很小的一部分。而且，受当康之恩的人们根本不在意它们吃些粮食，反而还经常将收获的粮食放在田边，供当康享用。

　　就这样，当康变成一种象征丰收的祥瑞之兽，也受到了人们的喜爱。

14 会唱歌且能带来子孙运的大马

鹿蜀

分类：祥瑞神兽
属性：送子之神
外貌：身形如马，白色的脑袋，长着跟老虎身上一样的花纹
特点：高声歌唱，听到的人多子多福

> 《山海经·南山经》原文有："有兽焉，其状如马而白首，其文如虎而赤尾，其音如谣，其名曰鹿蜀，佩之宜子孙。"

物产丰富的杻阳山上，阳面多产红金，阴面多产白金。在这座山上，还有一种祥瑞的怪兽，它的名字叫作鹿蜀。

鹿蜀的长相与马类似，它的头部雪白，身上的纹路像老虎的花纹一样层次分明，它的尾巴则呈现赤红色。鹿蜀的叫声十分动听，曾经有人见到过鹿蜀，并有幸聆听过它的歌声。

王生是杻阳山下的一位农民，家中孩子有五六个。白天，王生要下地干活，妻子要纺织布匹，根本没有时间照顾孩子们。于是，王生每天就带着一群孩子下地。

一天，王生带着孩子们到杻

阳山捡柴火，忽然听到了一阵歌声。那歌声曲律优美，王生听得着了迷，都忘记了捡柴火的正事。当他转头看时，孩子们都已然听着歌声熟睡了。

王生看这歌声竟然能够安抚孩子们，就循着歌声向山林里走去。他想，要是每次嬉闹的孩子们都能安安静静地休息，自己就能专心干活了。

穿过茂密的山林，跨过一条溪水后，王生看到了一群正在喝水的鹿蜀。原来，这些让人流连忘返的歌声竟然是鹿蜀发出的。后来，王生就经常带着孩子们来到山林中，让孩子们听着鹿蜀的歌声入睡。果然，没有孩子们干扰的王生工作效率大大提高了。

村里人看王生干农活的速度大大提高了，十分好奇王生是怎么安顿孩子的，于是他们便向王生打听。王生便将遇到鹿蜀的事情告诉了村民，"你们不知道，杻阳山上有鹿蜀出没，那鹿蜀的歌声动听，孩子们常常听着听着就睡着了。而且除了鹿蜀出没外，山上没有其他凶猛野兽。我既不用担心孩子们的安危，又不被他们耽误干活，效率当然大大提高了！"

后来，村民们就效仿王生，时常将自己的孩子放在山林之中，等到日暮降临，再将孩子们领回家去。有外地的人看到这个场景，便谣传鹿蜀会带来子孙运。谣言越传越广，后来，人们就都以为鹿蜀可以带来子孙运了。

中篇

神奇妖兽

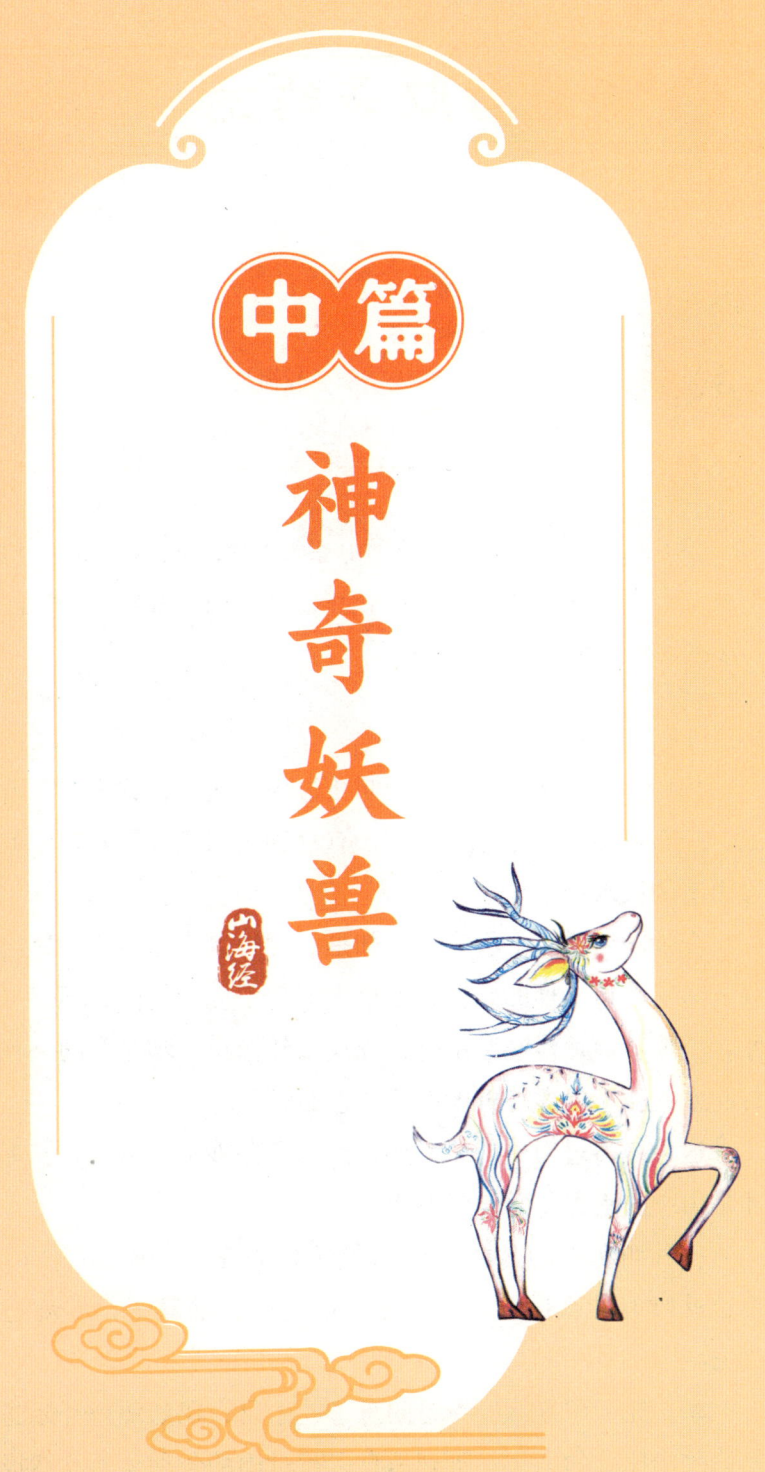

15 长着鱼脑袋的龙

虎蛟

分类：效用妖兽
属性：深水怪鱼
外貌：身形如鱼，长着蛇的尾巴
特点：吃掉它可以消肿，祛除痔疮

> 《山海经·南山经》原文有"东五百里，曰祷过之山……浪（yín）水出焉，而南流注于海。其中有虎蛟，其状鱼身而蛇尾，其音如鸳鸯。食者不肿，可以已痔"的说法。

相传，很久之前有一处名叫祷过山的地方，这里遍布着黄金、美玉，却有很多野兽把守。其中，有一种名叫虎蛟的妖兽，就栖息在祷过山下的浪水中。

虎蛟的名字听上去吓人，却是一种长着像蛇一样的尾巴、叫声像鸳鸯啼鸣的鱼一样的妖兽。如果人们吃了虎蛟的肉，不仅可以消除肿胀，还能够治疗痔疮。不过，虎蛟虽然像鱼，却是龙的一种。若真是打起来，就连猛虎等野兽也不是它的对手。

这天，祷过山中的犀、兕、象等猛兽吵了起来，它们都认为自己才是山中的霸主，而且互不相让。

一种叫瞿如的人面怪鸟站在树上说道："呱呱，你们别吵了，在这儿吵有什么用？不如大家比试比试，谁赢了，谁就是祷过山的大王。"

犀、兕、象等猛兽纷纷同意了，于是，瞿如便展开翅膀，到处通知祷过山比武的消息。听到消息，祷过山的各种猛兽欣然报名，都想

成为祷过山的大王。

很快，消息传到了浪水，虎蛟听到这个消息后很是得意。论凶猛，自己连猛虎、犀、兕都不放在眼中，何况是祷过山其他不入流的野兽。于是，虎蛟立刻报了名。

祷过山的猛兽们听说虎蛟报名了，心里都开始害怕起来。它们都听过虎蛟咬死过河的猛虎的事情，于是纷纷打起了退堂鼓。

到了约定的这天，瞿如鸟早早来到赛场，可是来看热闹的小兽很多，真正来参赛的大型猛兽却一个都没到场。原来，这些猛兽害怕虎蛟，都推脱有事躲了起来。可是，让大家没想到的是，虎蛟竟然也没来，这是为什么呢？

原来，虎蛟是生活在浪水中的妖兽，无法到陆地上参加比赛。此时此刻，它正在浪水边焦急得干瞪眼呢！

就这样，直到过了约定的日子，祷过山都没能选出大王。

16 预示洪水的妖兽

夫诸

分类：厄运妖兽
属性：大洪水之兽
外貌：形如白鹿，长着四只角
特点：出现的时候会带来洪水

《山海经·中山经》原文有"《中次三经》萯山之首，曰敖岸之山，其阳多㻬琈（tū fú）之玉，其阴多赭、黄金。神熏池居之。是常出美玉。北望河林，其状如茜如举。有兽焉，其状如白鹿而四角，名曰夫诸，见则其邑大水"的说法。

从前，在盛产金玉的敖岸山上，有一种长着四只角的神奇妖兽，名叫夫诸。夫诸外形像鹿一般，看上去美丽且人畜无害。可是，这种妖兽却是一种凶兽。相传，夫诸会带来洪水，危害一方。

其实，在很久很久以前，夫诸只是陪伴在神仙熏池左右的普通妖兽。日久天长，夫诸沾染上熏池的仙气，慢慢练就了预知洪水的能力。

这日，夫诸预感敖岸山下会发生一场特大的洪水，于是便向熏池请求，希望能下山告知人类这场灾难。熏池摇了摇头，说道："你是敖岸山上的异兽，非金石玉路不走，何必下山去沾染尘埃是非呢？"

夫诸不忍心看人类生灵涂炭，于是不告而别，一路奔到敖岸山下。可是，夫诸不能口吐人言，只能悲鸣示警，希望人类能明白它的良苦用心。

可是，夫诸到底是异兽，它的出现不但没有让人类逃走，反而让人们聚在了自己身边——夫诸真的太美丽了。男人们贪婪地看着它柔软光滑的毛皮，女人们则纷纷赞叹它的美丽。无论夫诸怎么提醒，人们都没有离开村子半步。

突然，一声沉闷的巨响从不远处传来，人们这才醒悟过来——夫诸并不是无缘无故来村里的。可是，人们醒悟得太晚了，此时已是洪水滔天。在人类痛苦的哭喊声中，夫诸离开了。

回到敖岸山，熏池似乎已经感知到夫诸的遭遇，可他只是叹了口气，并没有出言询问。此后，夫诸便靠着预知洪水的能力四处奔走，希望能拯救苍生。

一天，它来到将要发生特大洪水的村子，可从村民的眼中，它看到的却是浓浓的恨意。"滚出去！你这凶兽！"一个男人将手中的石头向夫诸扔去，其他人也纷纷效仿，想把夫诸赶走。

"滚出村子！""就是你把洪水带来的！"人们又惊又怒地对夫诸发泄着怨气，可遍体鳞伤的夫诸并没有逃走，反而发出了更大的悲鸣。

这时，熏池从天而降，他将夫诸带回了敖岸山。人们看到夫诸被神仙带走，纷纷额手称庆，认为只要赶走了夫诸，洪水就不会来了。可让他们没想到的是，滔天洪水如约而至，这些人类也因为愚蠢而付出了生命的代价。

会带来干旱的人脸猫头鹰

颙（yóng）

分类： 厄运妖兽
属性： 大旱灾之兽
外貌： 形如猫头鹰，人面，有四只眼睛
特点： 出现的时候会带来旱灾

《山海经·南山经》原文中有"又东四百里，曰令丘之山，无草木，多火。其南有谷焉，曰中谷，条风自是出。有鸟焉，其状如枭，人面四目而有耳，其名曰颙，其鸣自号也，见则天下大旱"的说法。

令丘山是我国南部山系中的一座不长草木且火灾频发的山脉，山的南面有一道峡谷，峡谷两侧是笔直的峭壁，经常有巨风从峡谷穿过。峡谷的石壁上，生活着一种名叫颙的鸟类。

颙的样子与现代的猫头鹰类似，它们有着有力而尖锐的脚掌和与身体一样大的翅膀。颙的面部与猫头鹰有所区别，它的头部像是人脸的样子，长着像人那样的耳朵，它们发出的声音像自己的名字一样。

在古代，人们常将颙当作一种不祥的鸟儿。人们相信，颙只要出现在人间，天下就会发生旱灾。

传说，颙生活的令丘山原本并不是草木不生的荒山，而是一座人杰地灵、草木繁盛的灵山。在这里生活的人们靠山吃山，靠水吃水，过着十分幸福的生活。然而，这样幸福的生活并没有持续多久。

一天，村里人忽然发现山中出现了一种从未见过的鸟类，这种鸟虽说像猫头鹰一样，却长着人的脸庞。人们没有驱赶这长相奇怪的鸟儿，但是却没有想到这鸟竟然会带来灾祸。

颙定居在令丘山的第二个月,令丘山的气候开始变得干燥。因为没有雨水,山林的草木都渐渐枯萎,鱼虫鸟兽也相继死去;更加严重的是,令丘山也因为干燥一分为二,出现了一道深深的峡谷。村里有人说,有峡谷就会有风,用不了多久,雨水就会来了。然而,人们等候了将近半年的时间,令丘山也没有下雨。

就这样,在这里生活的人们只能背井离乡,去往其他地方生活。只不过,人们疑惑的是,为什么原本富饶的令丘山会变成如今的样子?

当村民们到达南方其他山定居后,向当地的人说明了山上的情况,他们这才知道,原来,令丘山出现如此变化的罪魁祸首竟然是搬迁至山上的颙。知情的人告诉村民们:"颙是一种带有邪气的鸟类,它们一旦出现,大地就会干旱。"

由于颙的长相与猫头鹰太过相似,在时间的流逝中,人们逐渐将猫头鹰当作了颙,并且赋予了猫头鹰不祥、邪恶的象征意义。

18 会发出狗叫声的大马

峳（yóu）峳

分类：厄运妖兽
属性：狡客之兽
外貌：形如马，羊眼、四只角、牛尾巴
特点：出现后会出现狡诈的政客

《山海经·东山经》原文中有"又南五百里，曰碱（zhēn）山，南临碱水，东望湖泽。有兽焉，其状如马，而羊目、四角、牛尾，其音如嗥狗，其名曰峳峳，见则其国多狡客"的说法。

　　碱山是我国古代东部山系中的著名山脉。它南面与碱水相邻，东边又面向广阔的湖泽，水源异常丰富。

　　碱山上生活着一种名为峳峳的怪兽。峳峳的外形像马，但是却又有着羊一样的眼睛、牛一样的尾巴，且头上还长着四只大角。它的叫声也不像是马声，而是像狗一样吠叫。传说，如果某个地方出现了峳峳的踪迹，那么那个国家就一定会有狡诈的政客。

　　碱山附近有一个名为碱国的小国，该国人数很少，占地面积也不如其他邻近的国家，因此常常被邻近的国家侵略。碱国的国君想解决这个问题，便在国内广发告示，希望有擅长谋略的政客能够为国家出谋划策，以保护国家的安全。

　　告示公布的一个月内，碱国内外的许多谋士纷纷慕名而来。其中一位乘着峳峳的谋士告诉碱国国君："碱国面积过小，人数又少，要想保国家平安，必然不能以武力取胜，最好的方法就是求和。我知道国君肯定不想求和，这才召集我们这些谋士为国君献上计策。如果国君相信我，就按照我的计划进行，不出三个月，硾国一定能成为附近最强盛的国家。"

说完，这位谋士便将他的计划悄悄告知了硾国国君。国君听后，认为谋士的计划简直是天衣无缝。他立即下令，让使臣出使其他国家。几个月后，附近的大国出现内斗，硾国不费吹灰之力，就成为最强大的国家。

原来，谋士告诉国君：硾国虽小，但是却占有得天独厚的位置——居中分布在邻国之间。其他国家要想到达对方国家，都要经过硾国。硾国只需要向邻近的国家派出使臣，分别告诉他们，硾国愿意投靠该国，成为其附属国。知道了这个消息的其他大国，肯定会因此对该国产生敌意。这样一来，几个大国便会互相斗争，等到它们的国力大减时，硾国再趁机招揽它们的百姓，并出兵攻打它们，从而坐享"渔翁之利"。

后来，战败的那几个大国听说了硾国谋士的存在，纷纷感叹谋士狡诈、恶毒。由于已经臣服于硾国，他们无法批评谋士，就只能说遇到被被就会出现狡诈的政客。

随着时间慢慢流逝，人们只记住了被被和看见被被便会出现狡诈政客的传说。

见人就呼唤自己名字的妖兽

足訾(zī)

分类： 奇怪妖兽
属性： 胆小的猿猴
外貌： 身形如猿猴，尾巴像牛，蹄子像马，身上有花纹
特点： 生性胆小，常躲避人

> 《山海经·北山经》原文中有"又北二百里，曰蔓联之山，其上无草木。有兽焉，其状如禺而有鬣，牛尾、文臂、马蹄，见人则呼，名曰足訾，其鸣自呼"的说法。

古人为野兽命名，常常会参考它们的外形或叫声。比如，蔓联山上居住的野兽——足訾，就是以它发出的声音命名的。足訾这种野兽，看见有危险的动物或者人时，常常会呼喊"足訾、足訾"，于是，古人便以"足訾"这两个字来称呼它。

足訾的外形与我们常见的猿猴类似，只不过它们的头部和脖子的毛发又长又多，看起来十分威武。它们的四肢和尾巴也与猿猴不同：尾巴像牛一样，手臂布满花纹，蹄子像马一样。

足訾是一种极为胆小的动物，它们常常躲藏在山洞之中，因此，人们也是由于偶然才发现足訾的存在。

传说，蔓联山是一座寸草不生的荒山，最初，人们认为这里并没有动物存在。居住在蔓联山附近的人们，也从来没有来过这座山。直到有一天，一名被官兵追赶的逃犯逃进了山里，官兵们为了追捕犯人进山，搜索山林时才发现足訾的存在。

这天，官兵们照常在山里搜索犯人的行踪。由于附近的村民告诉

他们，这山上没有动物生活，所以他们格外关注山里的声响。

不一会儿，官兵们就听到"足訾、足訾"的声响，他们以为是犯人的声音，于是就赶忙朝着声音的方向搜索。

这声响确实是从犯人的藏身之处传来的，只不过，这声音的发出者并不是犯人，而是一种人们从未见过的野兽，也就是我们所说的足訾。

原来，犯人在逃窜时不小心进入了足訾的洞穴，生性胆小的足訾看到有陌生人闯入，立刻警惕了起来。它们最拿手的吓唬敌人的方法，便是发出"足訾、足訾"的声音。足訾发出的声音引来了官吏，不仅使得犯人被捉拿归案，还暴露了自己的存在。也正是由于这次偶然，人们发现了足訾的存在，并且以它的声音作为它的名字。

20 善于袭击人类的神兽

獓狠 (áo yè)

分类：奇怪妖兽
属性：吃人猛兽
外貌：身形如牛，头上有四只大角
特点：攻击并捕食人类

> 《山海经·西山经》原文中有"又西二百二十里，曰三危之山，三青鸟居之。是山也，广员百里。其上有兽焉，其状如牛，白身四角，其豪如披蓑，其名曰獓狠，是食人"的说法。

现代的我们常常会害怕豺狼虎豹这些猛兽，只要靠近它们，我们就会生出畏惧之心。但是在古代，除了现代存在的许多猛兽之外，还有一些专门吃人的野兽，獓狠就是其中之一。

西方的三危山方圆达百里，吃人的野兽獓狠就生活在这里。传说獓狠的长相像牛一样，有着强壮的腹部和有力的四肢，头上长着四只尖尖的长角，身上的毛发也像人们雨天所披的蓑衣一样。

最初，人们并不知道獓狠吃人，直到一位勇士从獓狠口中逃脱……

三危山上鸟兽众多，野菜、药草也极其丰富。在山下生活的人们常常来到这里捕捉鸟兽，采集野菜、药草。奇怪的是，一些上山采药的人常常会在山上消失，没留下一丝痕迹。

人们以为是山林中的野兽吃人，为了躲避野兽袭击，每当遇到虎豹等食肉动物时，人们都会立刻逃走。可是，即使是这样，还是有村民莫名其妙地消失。

直到有一天，一位落单的勇士在被徽㺄捕猎时偶然逃脱，将徽㺄吃人的事实告诉其他人，人们才知晓，原来吃人的野兽不是虎豹，而是野兽徽㺄。

原来，因为徽㺄的长相与牛过于相像，人们将它当成与牛一样的食草动物，常常放松警惕。就算是与徽㺄相遇，人们也不会闪避它们。再加上徽㺄智力超群，常常蛰伏在山林之中，等待人群四散开来，趁机袭击落单的人。这样一来，就算是有人发现了徽㺄吃人，也不能将这消息传递给其他人。如果不是勇士偶然逃脱，恐怕人们还被徽㺄的外表所迷惑，依旧不知道躲避徽㺄呢！

这事之后，三危山上的人们再也不敢单独行动，每当遇到徽㺄时，他们就像遇到了虎豹一样，迅速抱团，要么一同逃走，要么一同抵抗。在人们的努力下，徽㺄最终因为无法捕猎而离开了三危山。

后来，有人说，徽㺄又开始假装成人捕食人类。它们穿着人丢弃的破烂衣裳，假装成人的模样，再趁着人接近它们时捕食人类。如果人们想要躲避徽㺄，就得先将大石头烧热，再投掷到它们的舌头上，否则就会被徽㺄吃掉！

21 行踪诡异的神兽

分类： 奇怪神兽
属性： 四方游走的巨马神
外貌： 身形如马，长着人的脸、老虎的花纹、鸟的翅膀
特点： 巡游四方，出现时带着大风

> 《山海经·西山经》原文中有"神英招司之，其状马身而人面，虎文而鸟翼，徇于四海，其音如榴"的说法。

槐江山上，有一种名为英招、行踪诡异的神兽。为什么说它行踪诡异呢？传说英招走路时既轻巧又迅速，不仅没有一丝声响，还快得像风一样。所以，居住在槐江山上的人们和其他动物都不曾见过英招的模样。不过，也有人说，槐江山附近一个国家的国君曾经见过英招的模样。

距虞国不远处的一座山脉，正是英招定居的槐江山。这里的国师曾经嘱咐年轻的国君，不论是国君自己还是普通百姓，任何人都不能前往槐江山。但是，国君却没有将国师的嘱托放在心上，他认为自己是一国之君，掌管天下大事，整个天地都属于自己，世界上就没有他不能去的地方。不过，国君碍于国师德高望重，从没有违背过国师的嘱托。

十几年后，国师去世，国君终于决定自己前往槐江山探索。为了防止人们说他违背国师的嘱托，他便带着几个随从，悄悄来到了槐江山。

"槐江山花草繁多，树木茂密，看起来与其他山脉没有不同，为

何国师不让人来槐江山呢？"走进槐江山深处的国君思考着。正当国君百思不得其解时，一阵风呼啸着吹过他的身体，他越发奇怪："这四周都没有风的迹象，为何会有一股风忽然出现又忽然消失呢？"

于是，国君便追随着风的痕迹，迅速地向林间走去。最终，走到密林深处的国君发现了槐江山的秘密。原来，这里竟然居住着神秘的风兽——英招。

此时，国君心中已经欢呼不已："这可是世界上任何人都没有见过的英招啊！"国君仔细观察英招的长相，回到虞国后，还差人将它的模样绘成了画作。

按照画作中的描绘，英招的长相应当是像传统的民间大马一般，它的身体像马，却长着人脸，身上的斑纹像老虎一样，更加神奇的是，它还长着翅膀。

另外，根据这位国君的说法，英招的性格并不是像人们想象的那样凶猛，而是异常温和。据说，国君看到英招时，它还曾向他微笑。

英招的性格可能确实如国王所说的那样温和，但是，见过英招的人却没有那么幸运。

据说，那位见过英招的国王，在绘制了英招画像后没多久，虞国就起了大风。呼啸的大风卷起了那个国家的房屋，吹飞了人和动物，连大树都被连根拔起。大风持续了七天，七天过后，整个国家竟然像从人间消失了一般，再也没有了一丝痕迹。

22 性情纯良却愚蠢的妖兽

麋

分类： 奇怪妖兽
属性： 憨憨傻傻的鹿
外貌： 身形如鹿，而头却像马
特点： 性格单纯，喜欢与人接近

> 麋出自《山海经·西山经》。原文有"又西三百五十里，曰西皇之山，其阳多黄金，其阴多铁，其兽多麋、鹿、柞（zuò）牛"的说法。

麋是一种性情单纯活泼的动物，这种动物喜欢集聚在西皇山上。西皇山上除了麋，还有鹿、柞牛等动物，且西皇山的阳面有丰富的黄金，阴面有铁矿，是个富饶的地方。

这天，有一只麋追逐蝴蝶，不知不觉下了西皇山。日落时分，它在林间徘徊。突然，一个猎人出现，发现了麋。猎人见麋可爱温驯，不忍心伤害它，便将它带回了家。

刚回到家，猎人家的猎犬们便纷纷围了上来，它们翘着尾巴，流着口水，立刻就想扑上来撕咬麋的喉咙。麋在西皇山从来没见过猎犬，只觉得它们眼睛大大的，翘着尾巴的样子十分可爱，于是便好奇地打量着猎犬们，还发出了讨好的鸣叫。可一旁的猎人看出猎犬想捕食猎物的想法，便大声呵斥了猎犬们，让它们退得远远的。

第二天，猎人早早起来，他抱着麋接近猎狗，想让猎狗习惯麋的气味，以免它们在自己外出的时候把麋吃掉。当猎狗们习惯麋的味道后，猎人又让猎狗们陪着麋一起玩耍，每当猎狗露出牙齿或流下口

水，猎人就会大声呵斥猎狗，叫它们老实点。时间长了，猎狗们都顺从了主人的意愿，看到麋也不龇牙了，每天都会陪麋玩上一会儿。就这样，时间过了三年。

一日，另一只麋从猎人的门前经过，它看到与猎狗们一起玩耍的麋，十分惊讶。它警告院中的麋道："这些狗可不是什么善良的东西，我劝你离开院子，跟我一起回西皇山。"

院中的麋常年与猎狗为伴，自然不愿听信同伴的奉劝。看到院中的麋执迷不悟，外面的麋摇了摇头，头也不回地往西皇山奔去了。

虽然院中的麋不信同伴的话，但同伴在外面自由奔跑的样子让它很是羡慕，于是，它决定离开院子，到外面好好玩一圈。

麋刚离开院子，就看到路的那边有一群野狗。看到野狗的麋十分高兴，立刻撒欢儿奔跑，想跟它们一起玩耍。而野狗看到麋也很高兴，它们立刻扑过来，把麋咬死了。麋到死都不知道，自己与狗并非同类。"非我族类，其心必异"，猎人家的狗愿意与麋一起玩耍，也不过是为了讨好主人罢了。

因为麋纯良到有些愚蠢的性格，古人经常用它警醒自身。不要像麋一般，倚仗他人势力来求得与对方要好的人的欢心，也要记住"道不同，不相为谋"，要警惕那些与自己不是同一类的人。

23 喜欢闹着玩的大马

鵸湖

分类：奇怪妖兽
属性：力量巨大的巨马
外貌：身形如马，尾巴像蛇，长着人的脸和一对翅膀
特点：喜欢与人闹着玩，帮助人

《山海经·西山经》原文有"有兽焉，其状马身而鸟翼，人面蛇尾，是好举人，名曰鵸湖"的说法。

崦嵫（yān zī）山上的草木丹果很多，珍奇的异兽也有许多，鵸湖就是其中一种。鵸湖与马的样子很像，但是却长着像鸟一样的翅膀。它的脸与人类很像，尾巴像蛇一样。

鵸湖模样很奇怪，看起来像是一种凶兽，但是它却十分亲近人类。鵸湖最喜欢的便是载着人游荡，它还很乐于帮助人类。

相传黄帝小时候十分喜欢游玩，他常常趁着家中无人偷着跑出去玩耍。有一天，他同往常一样出去玩耍，来到一座名为崦嵫的大山里。

黄帝爬呀爬，终于在日落前爬到了崦嵫山的山顶。看着太阳渐渐落下，黄帝心里有些慌张："这大山，爬上来就要半天时间，这下山的路可比上山难走多了！"这时候，他听到山顶的树林中有走动的声音，他知道这是山林中猛兽的动静，于是小心地拿起一块大石头，等待着猛兽出现。

随着一阵窸窸窣窣的声音，草丛中冒出了一只人面马身的四蹄大兽。怪兽的眼睛里好像透露出一丝喜悦，它轻巧地走近黄帝，用它的前脚轻轻触碰黄帝的手。

黄帝看怪兽好像没有恶意，便将手中的石头扔了出去。他看着怪兽的动作，好像是想让自己到它的背上。在怪兽的再三邀请下，黄帝骑到了怪兽背上。于是，怪兽便在太阳落山前将黄帝送回了家中。

这次以后，黄帝就经常到崦嵫山上找怪兽玩，怪兽则经常载着黄帝在山上寻找奇珍异果。一来二去，他们成了熟悉的朋友。

后来，黄帝还给怪兽起名为孰湖，黄帝告诉孰湖："孰湖，你是我最好的朋友，我一定不会让别人伤害你的！"

几个月之后，孰湖在送黄帝下山时被村里的人发现。看着这长相怪异的凶兽，村民们十分恐慌，更让他们害怕的是，黄帝还骑在孰湖的背上。村民害怕孰湖伤害黄帝，纷纷拿上了木棒、石头围住孰湖，想要将它击倒。

经过黄帝的一再解释，村民们最终相信了孰湖并不是凶兽，而是帮助黄帝下山的良兽。善良的人们就接纳了孰湖，让它也成为村落中的一员。

24 像老虎又像牛的猛兽

穷奇

分类：奇怪妖兽
属性：吃人的巨兽
外貌：身形如虎，毛发像刺，长着一对翅膀
特点：少昊之子，喜欢吃人

《山海经·西山经》原文有"其上有兽焉，其状如牛，蝟（wèi）毛，名曰穷奇，音如獆（háo）狗，是食人"的记载。在《山海经·海内北经》中也有"穷奇状如虎，有翼，食人从首始。所食被发。在蜪（táo）犬北。一曰从足"的记载。

穷奇长什么样呢？传说穷奇这种妖兽的长相十分奇特，它既像老虎，又像老牛，而叫声像大狗。穷奇的身形大小与老虎相似，但是它背后却长有翅膀。它发出的声音如狼狗一般，又高又持久。它浑身披着刺猬一样的体毛，谁也无法靠近它。

穷奇居住在邽（guī）山上，是一种吃人的猛兽。古人将穷奇视作一种凶兽，因为它只吃善良、忠诚、讲义气的人。

其实，最初人们只认为穷奇是一种胡乱吃人的猛兽。在一次机缘巧合下，人们才发现，穷奇是能够分辨人类性格的妖兽。

一天，村子里的一个小偷因为偷盗被主人抓住，主人将小偷用绳子五花大绑地捆了起来，并差人叫来了村长主持公道。大家围在小偷旁边，正准备审讯小偷时，穷奇从天而降，它咬断了捆绑小偷的绳子，张开血盆大口，把主人的鼻子咬掉了。

人们看到这一幕十分慌乱，纷纷四散逃跑。只有村长没有离开，

他大声质问穷奇："你为什么要阻挡大家处置小偷？为什么要咬掉主人的鼻子呢？你这样难道不是助纣为虐吗？"

穷奇发出了巨大的嚎叫声："我穷奇就是只吃善良的人，不仅如此，我还要给恶人奖励，你们人类又能把我怎么样呢？"说完，穷奇就将山林中的野猪咬死扔在了小偷面前，然后便飞天离开。

村长这才意识到，穷奇这头凶兽并不是任何人都吃的，只有善良、勇敢、正义之人，才会成为穷奇的"美餐"。为了防止穷奇帮助坏人，村长决定，以后村里抓住坏人时都要悄悄审理，不能在院子里大张旗鼓地处置。

宣布这条村规后，有些好奇的小孩问村长："穷奇这么凶猛，它是从何而来的呢？"

村长这才向孩子们解释："穷奇原本是天帝少昊众多儿子中的一个，因为不被父亲喜爱，久而久之它就成为一个诋毁忠良、颠倒黑白的坏人。可恶的事情做多了，它最终就变成了一头凶兽。"

村长还规劝孩子们："你们一定要多做好事，不然坏事做多了，也会变成'穷奇'那样可恶的怪兽！"

25 身体发白，长着角的马

驳（bo）马

分类：奇怪妖兽
属性：吃石头的巨马
外貌：身形如马，尾巴如牛，头上长着一只角
特点：喜欢吃金子和玉石

> 《山海经·北山经》原文记载："又北三百五十里，曰敦头之山，其上多金玉，无草木。旄水出焉，而东流注于邛泽。其中多䮾马，牛尾而白身，一角，其音如呼。"

敦头山是一座神奇的山峰，这里蕴藏着金子和玉石，是人们向往的财富圣地。但是，敦头山上也十分奇怪，在这里，草木从来不会生根发芽。就是在这样一座神奇的山上，生活着一种名为驳马的神兽。

驳马的长相与马类似，但是却长着牛一样的尾巴。它的身体颜色与马不同，不是人们常见的黑色或者棕色，而是白色。在它们的头部，还长着尖尖的长角。它们的叫声也不是马的嘶鸣声，而是像人大声呼叫的声音。

马的主要食物是草，驳马则与之不同，它们不以草为食，主要的食物是金子和玉石。也正是这个原因，驳马才能够在寸草不生的敦头山上生活。

最初，人们以为驳马的食物与普通的马类似，直至有人来到敦头山上，目睹了驳马吃金子和玉石，才意识到驳马的食物根本不是草。

发现这个秘密的人并不是在敦头山附近生活的人，而是专门以采集金子和玉石为生的采矿人。

采矿人最擅长寻找金玉多的山脉，他们顺着书籍的记载，找到了敦头山。当他们到达这座山峰时，就被山下所埋藏的矿藏吸引了——他们从未见过玉石、金矿如此丰富的地方。于是，他们立刻投入了采金、采玉的活动中，并没有发现驳马的存在。

一天，一个采矿工休憩时，忽然发现自己矿篓里的玉石少了许多，奇怪的是，他采矿的地点十分偏僻，周围并没有其他矿工，不可能是其他人偷走了玉石。

这事太过离奇，矿工自言自语道："这可真是奇了怪了，好端端的玉石还能不翼而飞？"为了找到玉石丢失的秘密，矿工便决定将矿篓放在空地上，自己悄悄躲起来，趁盗贼偷玉石时一举捉住他。

矿工躲了许久，也没有发现有人出现。正当他想取回矿篓时，他发现了一位"不速之客"——驳马。只见这长着角的白马悄悄地靠近矿篓，又偷偷将玉石含在嘴里，咀嚼几下，竟然将玉石吞了下去。

"奇了怪了！这马不吃草，反倒吃起了玉石。"矿工小声说道。

后来，他将这事告诉了其他矿工，其他矿工也纷纷反映有玉石丢失的现象。他们也同样看到了这种长相奇怪的马出现，但是并没有将玉石丢失和它联系在一起。直到他们听了这件离奇的事。

事后，采矿队伍里资历丰富的老人告诉他们："驳马是一种神兽，它们的食物并不是草，而是金子和玉石。敦头山上金子和玉石众多，所以这些神兽会在这里扎根生活。"

这之后，矿工们在采矿时都开始观察周围的环境，生怕一不小心自己采的矿石就被驳马偷吃了去。

26 贪吃的凶兽

饕餮 (tāo tiè)

分类：奇怪妖兽
属性：贪吃的巨兽
外貌：身形如羊，眼睛长在腋下，手脚像人一样
特点：可以吃任何东西，永远吃不饱

> 饕餮：出自《山海经·北山经》原文中有记载："有兽焉，其状羊身人面，其目在腋下，虎齿人爪，其音如婴儿，名曰狍鸮，是食人。"

饕餮，又称狍鸮（páo xiāo），是我国神话故事中的一种凶兽。古代凶兽的长相大都十分奇特，而饕餮可以算是凶兽中长相最为奇特的。

饕餮的身形与羊十分相似，但是它却长着人的脸庞。说是人脸，它的牙齿却又像老虎的牙齿，又尖又长。它的眼睛并不像人一样长在脸上，而是长在腋下。它的手脚也不像羊一样，而是像人一样的手脚。

据说这种奇特的长相，与饕餮的性格有很大的关系。饕餮是一种十分狂暴贪食的凶兽，它最喜欢的食物就是人类，而且一吃就停不下来。虎牙一般的牙齿就是为了方便咬碎人的骨头，手脚长成人的模样，也是为了方便拿肉。它的眼睛长在腋下，也是为了给嘴巴腾出位置，以方便进食。

民间还有这样一则形容饕餮贪食的故事：

饕餮居住的钩吾山的山脚下有一处山村，村里时常发生村民莫名

其妙消失的现象。

某一天，村里最胆大的屠夫听到一声婴儿的哭声，随后就是人的哭号声。屠夫十分奇怪，到底出了什么事呢？于是，他带着屠刀出了门。跟随声响，屠夫来到了钩吾山的深处，他被眼前的景象吓得一惊！原来，这声响竟然是饕餮在捕食村民。他慌忙跑回村里，将这事告知了全村，并且嘱咐村里人最近都不要出门。村里人听了屠夫的话，将近七天都没有出去。后来，有人在村口发现了一个长着尖牙的头颅。

原来，饕餮捕食前，会发出像人类婴儿一样的哭号声，吸引村民走近，然后将他们吃掉。最近几天，人们都没有出去，饥饿的饕餮就开始吃村里的牛羊。一天之内，饕餮竟然将这些动物全部吃光了。但是饕餮还没有满足，就这样，饕餮竟然开始啃食自己的身体，它好像不知道疼痛一般，将自己的身体全都啃食了，最后只剩下了一个头颅。

后来，人们就将饕餮的形象刻在了青铜鼎上。青铜鼎是古代祭祀用的一种青铜器，这种鼎最初被发明的时候，是用来盛饭的容器。人们将饕餮的形象刻在鼎上，就是为了提醒自己，一定不要像饕餮那样贪吃，否则就会像这个上古凶兽一样，最终伤害到自己的身体。

27 白脑袋的神奇野猫

天狗

分类：效用妖兽
属性：飞天的狸猫
外貌：身形如狸猫，长着白色的脑袋
特点：后羿的伙伴，可以帮人抵御灾祸

> 《山海经·西山经》原文记载："有兽焉，其状如狸而白首，名曰天狗，其音如榴榴，可以御凶。"其中，"榴榴"在古代是"喵喵"的意思。

狗是人类最忠诚的伙伴，它全身覆盖着毛发，会发出"汪汪"的叫声，温驯起来能看家护院，撒起欢儿来更是十分黏人。

天狗就不一样了，传说，天狗的身形和狸猫差不多，头部的毛发是白色的，它的叫声一点儿也不像狗，而是会发出和猫一样的"喵喵"声。

相传，后羿在人间，一直与嫦娥过着男耕女织的幸福生活，他们日出而作，日落而息，还养了一只狗，这只狗就是天狗。

作为太阳神帝俊最为信赖的臣子，后羿也有他的使命要完成。帝俊曾赐予了他一把红色的神弓和白色的短箭，将扶助天下邦国的重任交待给他，因而，他时常会带着神弓短箭去帮助百姓，为他们解除各种艰难困苦。

天狗作为后羿的伙伴，偶尔会陪着后羿一起为民除害。

这天，他们遇到了一件麻烦事。

原来，东海之上生活着十个太阳，他们每天都会轮流上天值守，

为人间带去光和热。

　　有一天,十个太阳约定一起跑到天上玩耍。而它们的出现却是给人间带来了巨大的灾难。大地被十个太阳烤着,出现了旱灾,庄稼都死光了,人们也快被晒化了。

　　后羿实在不忍看到人们受苦,于是,拿上神弓短箭,打算把这十个太阳射下来。

　　嫦娥和其他人劝说后羿:"他们都是太阳神的孩子,你把他们都杀了，人间也完了啊！"

后羿看着满目的荒凉炎热，坚定地告诉众人："眼看着水井就要干涸，再这样下去，我们迟早也会死！"说完，他呼唤着天狗一同离开。

后羿让天狗前往烈日下吸引太阳们的视线，自己则躲在阴凉处等待机会。天狗边跑边叫，好似在挑衅烈日，太阳们果然都被天狗吸引。后羿趁机一连射下了九个太阳，只留一个太阳挂在天上，从此人间得到了安宁，众人都很感激后羿的举动。

帝俊听闻九个儿子陨落的消息，悲痛万分，但他听到人间百姓都在欢呼、歌颂后羿的功德，思虑一番后，让西王母赐予后羿一颗飞升的丹药，想让后羿飞升为仙。

后羿得到丹药后，不愿将嫦娥独自一人留在家中，于是将丹药保管在卧室。天狗知道丹药的事，心中十分嫉妒："明明是我和后羿配合才使得人间恢复生机，却单独奖赏后羿，这实在太不公平了！"

趁着后羿不在，天狗来到卧室，正当它要将丹药一口吞下时，嫦娥发现了天狗。天狗一慌，丹药掉在地上，裂成了两半。天狗将半颗丹药吞下，又要抢嫦娥手中的半颗。

嫦娥虽然不知道那药是用来做什么的，但那是后羿的东西，一定要护好它。就这样天狗和嫦娥相互追赶，纠缠中，嫦娥误吞了丹药，随后，嫦娥就感觉身体轻飘飘的，仿佛在往天上飞。

此时，天狗也化作了一只巨大的猛兽，眼看嫦娥快要飞到月亮上了。天狗便一口接着一口，将嫦娥和整个月亮吞下去了。

帝俊知晓"天狗吞月"的事情后，命令天狗将嫦娥与月亮吐出来。由于天狗确实参与了射日，帝俊决定封天狗为天庭守卫，从此守护天庭的安宁。

后羿则因为没有吃下丹药，被收回了飞升成仙的资格，他的妻子嫦娥最终也没能回到人间……

28 永远不知道害怕的神羊

猼訑 (bó tuó)

分类： 效用妖兽
属性： 好斗的怪羊
外貌： 身形如羊，长着一对尖角、四只耳朵、九条尾巴
特点： 喜好打斗，毛发可以给人壮胆

> 《山海经·南山经》原文有"有兽焉，其状如羊，九尾四耳，其目在背，其名曰猼訑，佩之不畏"的说法。

猼訑，是中国古代神话中的一种神兽。传说猼訑的长相与羊相似，有着长长的两只尖角，但是它还长有九条尾巴和四只耳朵，眼睛也与羊不同，是长在背上的。

猼訑极其喜欢斗殴，每当遇到同性的同类，就会立刻冲上去与其斗争，不管遇到的同类是否更加高大、更加凶猛，猼訑从来都不害怕。也正是因为好斗，除了与异性的猼訑同行外，猼訑常常独来独往，从不群居生活。

基山脚下有一个城池，城中一户人家的小儿子李耳自从生下来就十分胆小，连听到鸟叫都会瑟瑟发抖。李耳的父亲找了几百个名医为李耳看病，医生们都说："李耳这病症并不是吃药能治好的，我们实在无能为力。"

恰好城中新搬来一户屠夫，屠夫听说了李耳的事情，便来到李耳家中询问李耳的父亲："这心病还需心药医，大人，您告诉我，李耳小时候是否受过惊吓？"

屠夫的话勾起了李耳父亲的伤心事。"陈年旧事啊！"他伤心地说道,"李耳刚学会走路时曾经被东村的几条大狗追逐,这追着赶着,就落下了胆小的毛病,如今,我请遍了名医都没人能治好他啊!"

屠夫看着伤心欲绝的李耳父亲,安慰道:"不知道您知不知道有一种神兽叫作猼訑,传说只要佩戴这神兽的毛发,人们就能变得无所畏惧。"

李耳父亲听了屠夫的话,心中又燃起一线希望,他抓紧屠夫的双手:"这是真的吗?这猼訑的毛发真的这样神奇吗?"

"据说基山山顶上就居住着一只猼訑,但是基山山林茂密,恐怕不太好上去啊!"

李耳的父亲听后,眼中流露出一丝坚定:"不论多难,我为了孩子也得去看看啊!谢谢您告诉我这事,我现在就准备出发,等我回来再报答您的恩情!"说完,李耳父亲径直走进了房间,开始收拾上山的行囊。

经过几天几夜的长途跋涉,李耳的父亲终于到达了基山山顶,他又费尽千辛万苦找到了猼訑的居所。他向着猼訑的住所祈求,希望猼訑能够给他一点毛发,让他治好儿子的胆小病。

猼訑最终被李耳父亲打动,它大叫一声,取下了尾巴末端的一撮毛发,交给了李耳的父亲后就扬长而去。

后来,李耳的胆小病真的在佩戴了猼訑毛发后好转,屠夫也被李耳的父亲重用,成为李家的管家,而猼訑却不再继续在基山山顶上居住,此后再也没人见过这种神兽。

29 叫声像婴儿一样的狐狸

九尾狐

分类：效用妖兽
属性：吃人的妖狐
外貌：身形如狐狸，长着九条尾巴
特点：为祸人间，喜欢吃人，人吃了它就不会再被蛊惑

> 《山海经·南山经》原文有"又东三百里，曰青丘之山，其阳多玉，其阴多青䨼（huò）。有兽焉，其状如狐而九尾，其音如婴儿，能食人；食者不蛊"。另外，在《山海经·海外东经》中也有"青丘国在其北，其狐四足九尾"的说法。

青丘是我国古代传说中的一座名山，山的阳面盛产玉石，山的背阴处有许多能够做颜料的矿物。在这座山上，还居住着著名的妖兽——九尾狐。

九尾狐的样子与狐狸相似，也是尖头小身，不同的是，它们有着九条一模一样的狐尾，叫声与婴儿类似。九尾狐的身形瘦小，但是它们的性格却十分凶悍，能够引诱人类前往它们的巢穴，并吞食他们。

不过，九尾狐也只是在灾害之年吃人。相传，只要皇帝能够将国家治理得井井有条，九尾狐便不会为祸人间，肆意屠杀人类。相反，它们还会向人们回报祥瑞。比如心系百姓的大禹，就曾经得到过九尾狐的帮助。

大禹是一个胸怀天下的有志之人，为了治理大水，他曾经三过家门而不入。经过多年的努力，洪水终于不再危害人们的生活。

又过了几年，大禹此时已经三十多岁，他也意识到自己已经到了

成家立业的年纪。可惜的是，他这几年已经错过了邻里乡亲为他介绍的许多姑娘，附近早已没有适龄女子能和他婚配了。就这样，大禹的婚事就被耽误下来。

一次，大禹行走至涂山境内，在半山腰遇到了一只通体雪白的九尾白狐。它拦住大禹的去路，用婴儿般的嗓音哼唱了一曲婉转的音调，唱完就款款离开。大禹不明所以，他跟随九尾狐来到一处村落，村口的小朋友唱着："象征吉祥平安的白狐啊，有着九条美丽的尾巴；来到涂山的贵客啊，将来必定称王。"

大禹听了这歌曲十分惊讶：这歌的旋律竟然和九尾狐哼唱的一样，难不成涂山有自己的姻缘吗？他走进村落，果然，距离村口不远处的农户家中就有一位眉清目秀的姑娘，姑娘名为女娇。大禹与女娇一见钟情，过了几天，二人就结为了夫妻。

后来，民间就将九尾狐当作专为有情人牵线搭桥的红娘，人们认为，只要是男女双方心意相通，就一定会有九尾狐为他们引路，直至他们永结同心。

比虎豹还厉害的神马

分类： 奇怪妖兽
属性： 吃虎豹的巨马
外貌： 身形如马，除尾巴外通体白色，长着一只尖角
特点： 喜欢吃虎豹等猛兽，可以抵御战争

> 《山海经·西山经》原文中记载："又西三百里，曰中曲之山，其阳多玉，其阴多雄黄、白玉及金。有兽焉，其状如马而白身黑尾，一角，虎牙爪，音如鼓音，其名曰䮝，是食虎豹，可以御兵。"

马，是古人用来充当坐骑的一种牲畜，除了马以外，牛和驴等动物也会被人们用来驮运重物。这些都是比较常见的动物，除了它们外，古时候还有一种名为䮝的神兽，它也曾被人当过坐骑。

传说䮝居住在中曲山上，长相与马十分类似，它们的骨骼和肌肉十分发达，能够在坚硬的土地上快速奔跑。

䮝与马也有区别。第一点不同是，䮝的身体呈白色，只有尾巴是黑色；而马一般是棕色或者褐色，很少有通体雪白的马。

第二点不同在于，马的头上没有长角，马蹄为"∪"形；但䮝的头上却长着一个坚硬的独角，爪子也不像马那样呈"∪"形，而是像老虎一样的利爪。

第三点不同，䮝的声音十分浑厚，与击鼓的声音极为类似；而马则是发出嘶鸣般的声音。

第四点，也是它们最大的不同之处，马是一种食草动物，主食为各种草；而䮝则是食肉动物，它的食物是老虎、豹子之类的猛兽。也

正是这一原因，使人们常常将驳视作一种神马。

传说春秋霸主齐桓公的坐骑就是驳。这种以虎豹为食物的猛兽为何会成为人的坐骑呢？

驳本来是特立独行的猛兽，它们的食物是虎豹等凶猛的动物，所以山林里的虎豹都十分记恨驳。幼年的驳常常与自己的父母一同出现，如果不幸落单，便很可能被虎豹吞食报复。

春秋年间，齐桓公带着卫兵在中曲山打猎，没等找到猛兽，就听到山林中传来了一阵击鼓声，随后便是虎啸的声音。二人顺着声音来到林中，发现一只老虎正围着一只后腿受伤的"小马"怒嗥。齐桓公见它可怜，就命令卫兵将老虎赶走，随后将它带回了自己的家中医治。

侍从们为了照顾这只受伤的"马"，采集了许多新鲜的牧草，但"小马"却不为所动。眼看着"小马"越来越瘦弱，下人们慌了神，他们赶紧将这事告诉了齐桓公。

恰巧此时管仲正和齐桓公在大殿议事，二人就决定到马厩看看"小马"为何不吃不喝。到了马厩，管仲哈哈大笑起来，齐桓公则一头雾水，不知道管仲究竟在笑什么。

"大王可知道这小兽为何物？"管仲问道。

齐桓公更加迷惑了："难倒不是马吗？只不过是一匹罕见的白马而已。"

"它可不是马，而是一只罕见的小兽，这可是大名鼎鼎的驳啊！驳的饭食应该是虎豹等猛兽的肉，你们给它吃草，它自然是不吃了！"

齐桓公这才恍然大悟，原来这只受伤的小兽根本不是马，而是一只年幼的驳。后来，在齐桓公的精心照料下，驳迅速康复。驳为了报答齐桓公的恩情，就甘当他的坐骑。

31 四只翅膀的蛇

鸣蛇

分类：厄运妖兽
属性：鲜山长蛇
外貌：身形如蛇，长着两对翅膀
特点：出现后可以让河水干涸，带来旱灾

> 《山海经·中山经》有"鲜山，多金玉，无草木。鲜水出焉，而北流注于伊水。其中多鸣蛇，其状如蛇而四翼，其音如磬，见则其邑大旱"的说法。

鸣蛇，是一种长着两对翅膀的蛇。传说鸣蛇居住在一座没有草木生长的山上，这山的名字叫作鲜山。

鲜山没有草木的原因，并不是没有水源，而是山上的土壤下都是玉石，草木没有办法扎根生长。这里有一条名为鲜水的河流，它从鲜山发源，一直注入山下的伊水河中。鸣蛇居住在这里，主要饮用鲜水生存。

鲜山脚下，也居住着许多村民，他们和鸣蛇一样，也是以鲜水为生。这里的人们，不论是饮水、洗衣还是耕种灌溉，都是使用鲜水。

鲜水的水源好像取之不尽，用之不竭，人们在这里生活了几十年，从来没有遇到过缺水的时候。

然而，这一年却不太一样。以往多雨的季节，今年都没有降雨。炙热的阳光烘烤着大地，鲜水的水流慢慢变得越来越细。慢慢地，鲜水竟然干涸了。人们无奈之下，只能前往伊水打水生活。

村里胆大的年轻人说："难不成是鲜山上来了什么怪物，把鲜水都吸干了？"有经验的老人则反驳他们："这哪里是怪物的原因，这是天灾，不下雨和怪物有什么关系。"可是年轻人根本不听老人的话，他们固执地以为是怪物吸干了鲜河的水。

他们不顾家人的阻拦，非要上鲜山一看究竟。这一看可了不得，这些年轻人从来没有见过长了翅膀的大蛇，鸣蛇的出现，将他们纷纷吓回了家中。

等他们平定了心神才告诉长辈们：他们在山上看到了长着翅膀的大蛇，那大蛇仿佛苍鹰一样，翅膀挥动，就能将山林里的石块吹起来，十分可怕。他们还说，那大蛇就是喝了鲜水的怪兽，就是它们在山上作乱，才使得鲜山上的草木消失，鲜水干涸。

老一辈人虽然觉得这些年轻人的描述十分夸张，但是却没有人指出他们说得不对。老人们心想："只要你们不再去那鲜山上招惹那鸣蛇，就算你们把鸣蛇谣传成让河水干涸、让土地干旱的怪物也没什么。"

后来，这些年轻人慢慢长大，鸣蛇的传说也被他们一代又一代地传下来。如今，竟然没有人知道鸣蛇只是一种长相奇特的大蛇，它们根本不会让河水干枯，更不能控制天气变化……

32 叫声如人一般的虎纹牛

軨(líng)軨

分类： 厄运妖兽
属性： 虎纹巨牛
外貌： 身形如牛，毛发像老虎的花纹
特点： 出现后会带来水灾

> 《山海经·东山经》原文有记载："东次二山之首，曰空桑之山，北临食水，东望沮吴，南望沙陵，西望湣泽。有兽焉，其状如牛而虎文，其音如钦（通'吟'），其名曰軨軨，其鸣自叫，见则天下大水。"

空桑山上住着一种神兽，这种神兽的样子与牛类似，但和普通黄牛不一样的是，它身上不是通体黄毛，而是有着像老虎一样斑纹的毛发。单看它的样子，几乎可以将它认成老虎。这种神兽的名字叫作軨軨。

传说軨軨的叫声与人的呻吟声极其类似，那声音就像是"軨軨"一样，如果遇见軨軨，天下可能会发生水灾。

其实，軨軨并不会引起水灾，但是为什么人们要将它看作洪水的象征呢？

空桑山是一座高耸的大山，在它周围的食水和湣（mǐn）泽的水都是从空桑山发源。降临在空桑山的雨水汇集成河，缓缓注入山下的河流。

生活在空桑山的軨軨，每日靠着流向山下的溪水生活。它们从不会下山危害人们，因此，人们也不知道軨軨的存在。

　　有一年，空桑山的天气极其极端，接连好几个月都在下雨。过量的雨水从空桑山流下来，汇集到山下的河流中，导致河水的水位迅速上涨。同时，连月大雨，使得山上的很多植物的根部腐烂，羚羚没有了食物，只能下山去别的地方寻找食物。

　　本不想惊扰人类的羚羚，发现暴涨的河水将距离人们村落较远的植物都淹没了，羚羚没有办法，只能前往人类村子的附近寻找食物。

　　不明所以的村民看到这种虎纹的神牛，还以为是上天派来惩罚他们的神兽。加上羚羚的叫声又极其像人，人们就更加深信羚羚就是带来洪水的猛兽。

　　人们一边大叫着"怪兽来了，是怪兽带来的水啊，大家快逃命啊"，一边连忙跑回家中收拾行囊撤离村庄。其实，洪水并没有来，暴雨虽然增高了河水的水位，但是河水并没有冲毁村庄。这一切只不过是人们以讹传讹。就这样，想要寻找食物的羚羚就成了能够带来洪水的猛兽。

33 白尾巴的神兽

那父

分类： 效用妖兽
属性： 巨力无穷的大牛
外貌： 身形如牛，长着白色的尾巴
特点： 可以为人造桥

> 《山海经·北山经》原文有"有兽焉，其状如牛而白尾，其音如訆（jiào），名曰那父"的说法。"訆"指人大声呼叫的声音。

那父居住在灌题山上，是一种力大无穷的野兽。那父的长相与牛十分相像，它们有着强健的躯干和有力的四蹄，能够拖动数百斤的重物。它们的尾巴呈现白色，会发出像人大声呼叫一样的声音。

传说人们最初并没有见过那父这种神兽，人们与那父的相遇，还要从一座桥梁说起。几千年前，生活在灌题山上的人们被一处深不见底的峡谷隔绝，峡谷对面的人想要到达彼岸还得绕行几十千米。

那时候，人们还不懂得如何修筑桥梁，所以，人们对于峡谷的存在没有丝毫办法。在山上生活的人们常常向天祈求，希望有神仙将峡谷填平，让人们更轻松地到达山谷两侧。不过，神仙并没有满足人们的愿望，年复一年，峡谷依然存在。

一天，一位上山采野菜的村民在寻觅野菜时忽然听到了一阵声响，好奇之下便循着声音来到了山腰，也正是这份好奇，让他看到了一个神奇的景象：一只长得像牛一样的白尾巴野兽，正在撞击一棵有一人怀抱那么粗的大树。在这棵大树的树枝上，悬挂着猎人设好的网兜，而网兜里正是身形较小的野兽。看起来，这只野兽是希望通过撞击大树来拯救被网兜困住的小兽。

村民想着,这小兽应该是野兽的幼崽。不过,村民虽然感叹母爱的伟大,但是却不敢靠近。

让村民震惊的是,三天后他再来到山林时,大树竟然真的被野兽撞倒,被困的小兽也已经不见了。他将这件奇事告诉了村里其他人,人们纷纷感叹这怪兽的神力。有人提议,能不能将小兽捉起来,让野

兽凭借神力将大树撞倒，这样，峡谷之上就有了桥梁，人们就不需要继续绕行峡谷了。

经过讨论，人们一致认为这个方案可行。村里的智者寻找到了长度适中、位置合理的粗壮大树，勇敢的猎人们也活捉了小兽，其他人则将小兽运到了峡谷的另一侧，又引诱野兽到被选中的大树旁。

野兽看到峡谷一侧的小兽，竟然自觉地开始撞击大树。不仅如此，野兽还呼唤了自己的同伴一同撞击树木。就这样，七天过后，大树终于倒下。它的树干横亘在峡谷两侧，小兽成功通过树干回到了野兽身边，灌题山上的村民也终于有了桥梁。

后来，人们为了感谢野兽造桥，就称呼这种野兽为那父。并且，每年到了大树倒塌的这一天，村民们还会将自己种植的粮食放在那父出没的地方，以回报那父为他们撞倒树木的恩情。

九头虎身的神兽

分类： 奇怪妖兽
属性： 昆仑山守护神
外貌： 身形如虎，长着九个人头
特点： 守护神山，为迷路之人引路

> 《山海经·海内西经》原文有记载："海内昆仑之虚，在西北，帝之下都。昆仑之虚，方圆八百里，高万仞。上有木禾，长五寻，大五围。面有九井，以玉为槛。面有九门，门有开明兽守之，百神之所在。""昆仑南渊深三百仞。开明兽身大类虎而九首，皆人面，东向立昆仑上。"

昆仑山自古便被誉为"万山之祖"，传说这里是西王母和诸多神仙居住的地方，这里方圆约有八百里，山脉高耸入云，可达万仞。

这样一个神秘莫测的地方，自然不能由人们自由出入，在这里守门的神兽，就是传说中的开明兽。开明兽的外表与老虎十分类似，身上都覆盖着虎斑的花纹。但是开明兽却长着九个人的头颅，每个头颅看向一方，一同守护昆仑山的安全。

最初，开明兽只是西王母

众多灵兽中的一个"无名小卒"。它虽然长着多个头颅，但是却不被西王母喜欢。那么它为什么会变成昆仑山的守门神兽呢？

传说每逢三月初三，西王母就会在昆仑山上宴请众神，请大家一同品尝昆仑山神树的果实。这场宴会就是我们熟知的蟠桃宴。

有一年的蟠桃宴上，众神之中混入了一只想要趁机捣乱的妖兽。然而，众神都沉浸在宴饮的欢乐之中，并没有人发现妖兽的存在。

远在昆仑后山的开明兽有着未卜先知的能力，它在休憩时预知了这件事。为了保证蟠桃宴的正常举行，开明兽就私自离开了自己的居所。

长相奇特的开明兽一进入蟠桃宴，就被众神发现。神仙们议论纷纷：不能上殿的妖兽怎还冲到蟠桃宴了呢？于是，就有天兵想要捉拿开明兽，请西王母将它带回居所。

开明兽还没有抓住妖兽，怎么肯被捉回去呢！它用尽了力气躲避天兵的追捕，同时，它还密切注意着妖兽的动向。果不其然，妖兽就躲在存放蟠桃的地方大吃特吃。

发现妖兽的开明兽发出了一声怒吼，它敏捷地跳到妖兽面前，一把将妖兽按住，将妖兽捉了起来。由于开明兽抓住了妖兽，妖兽祸乱蟠桃宴的计划失败，这才使得这一年的蟠桃宴得以顺利进行。

西王母经过这件事后，注意到了开明兽的存在，她将昆仑山守卫的职位交给了开明兽，并且每每外出时，都会让开明兽随行，并在队伍的最前方引路。从这儿开始，一向默默无闻的开明兽就成为人人都知道的昆仑神兽。

下篇

奇异猛兽

35 长着翅膀的大蛇

肥𬇙(wèi)

分类：厄运猛兽
属性：太华山巨蛇
外貌：身形如蛇，长着六只脚、两对翅膀
特点：出现后会带来旱灾

《山海经·西山经》有载："又西六十里，曰太华之山，削成而四方，其高五千仞，其广十里，鸟兽莫居。有蛇焉，名曰肥𬇙，六足四翼，见则天下大旱。"

蛇是不长步足的，它们靠身体蜿蜒爬行前进，但是太华山上却有这样一条大蛇，它不仅长着步足，还长着翅膀，这种蛇的名字叫作肥𬇙。

传说太华山是一座又高又陡的山，这座山绵延十里，由于太过陡峭，所以整座山上都没有什么鸟兽居住。肥𬇙是个例外，它有六只有力的脚，还有着两对巨大的翅膀，在陡峭的山林中行走根本不在话下。按理说，在险峻的山林中生活的肥𬇙应该不容易被人看见，但是有一次，肥𬇙却被一个上山伐木的木匠遇到。

木匠的木工活是整个村子里最好的，时常有外乡人来到村里找木匠打造木具。来的人多了，附近山林里的木材已经满足不了木匠的需要。

有人告诉木匠："西边六十里的太华山上林木茂密，里边还有许多珍贵的木材哩！就是这山太陡，连鸟兽都不能栖息，更何况人上山伐木呢！"

"山陡有什么好怕的，凭着我多年的伐木经验，这树就算长到天上去，我也能给它砍回来！"木匠说完这话，就立刻收拾行囊前往太华山。

来到山脚下，木匠这才意识到村民没有骗人，这山上果然珍木很多，但是这山也像村民所说的那样，像是用刀直直地削下来一般陡峭。木匠看着这高山一筹莫展，他心想："这上山可真是有点困难……不行，总不能无功而返，让别人看了笑话。"

怀着这个想法，木匠开始在山脚下打桩，准备先把山脚的木材砍回去。他刚一挥动斧子，树林里瞬间狂风大作，吹得叶子噼里啪啦地落了下来，只见一条六足四翼的大蛇从天而降。大蛇用通红的双眼瞪着木匠，仿佛要将木匠的身体撕成两半。

木匠平日里哪见过这种场面，被吓得全身冒汗，差点晕过去。凭着一点求生的欲望，木匠飞也似的逃回村里。他将自己的所见所闻告诉村民们，大家议论纷纷，都认为这怪兽是著名的大蛇肥蠖，还有人说遇到这蛇天下一定会大旱。

果不其然，连着三四个月，村里都没有下雨，土地像是裂开了口子，别说是庄稼，连人也喝不上一口水。没过多久，人们就纷纷搬迁了。木匠因为受到了惊吓，也放弃了伐木的想法，从此当了一名本本分分的农民。

会治病的大鸟

分类：效用猛兽
属性：英山灵鸟
外貌：身形如鹌鹑，黄色身子、红色嘴巴
特点：肉可以治疗麻风病

> 《山海经·西山经》有"又西七十里，曰英山，其上多杻橿，其阴多铁，其阳多赤金……有鸟焉，其状如鹑，黄身而赤喙，其名曰肥遗，食之已疠，可以杀虫"的说法。

你们知道吗？在《山海经》中，除了上节提到的大蛇肥蟥以外，还有一种鸟类的名字叫肥遗。这种名为肥遗的大鸟，居住在西边的英山上，它的长相与鹌鹑类似，都是黄色的身子、红色的嘴巴，身体也十分瘦小。

虽说肥遗的身材瘦小，但是它却有一个神奇的功能——治病。传说只要吃了肥遗的肉，就可以治好人们的麻风病；不仅如此，它的肉还有杀虫的功效，吃了就能杀死体内的寄生虫。

麻风病是由一种名为麻风分枝杆菌引起的慢性传染病，这种病会导致人的皮肤变形，严重者甚至肢端残疾。正是因为这种病独特的病理表现，在医学不发达的古代，人们常将麻风病看作一种极为恐怖的传染病。

传说，在英山脚下的一处村落中，就有人生了让人们惧怕的麻风病，村里的人都不敢接触病人，就连这个病人都认为自己无药可救了。他害怕病症会传染给家人，就独自爬上了英山，打算在山林中孤独地死去。

死去的愿望并没有实现,爬上英山的病人发现,山林中鸟语花香,草木繁盛,鱼虫鸟兽的相处十分和谐,好似一处世外桃源。自然风光使得他又萌生了活下去的希望,于是他整日以山泉为饮,以鱼、鸟为食,在英山生活了下来。

几个月过去了,这个病人惊奇地发现,自己的麻风病竟然好转了。他惊喜地回到家中,告诉了家人这个好消息,家人也因为他的痊愈又惊又喜。后来,随着人们的口口相传,越来越多的人都知道了肥遗能治病的消息。

37 长着千里耳的猴子

长右

分类：厄运猛兽
属性：荒山恶猴
外貌：身形如猿猴，长着四只耳朵
特点：躲避在荒山，出现后会带来洪水

> 《山海经·南山经》原文有载："东南四百五十里，曰长右之山，无草木，多水。有兽焉，其状如禺而四耳，其名长右，其音如吟，见则郡县大水。"

在长右山上有一种名叫长右的神兽，它的长相与猿猴类似，但是却有四只耳朵。它发出的声音与人的呻吟声很像，夜晚降临时，如果人们不注意分辨，很有可能将长右当作一个真人。

传说长右早年是一只很善良的妖兽，虽然它长相奇怪，但是并不会攻击人类。它的四只耳朵很有用处，据说能够听到千里之外的声音。如果有人进入它的领地，长右会早早发觉，并提早转移，从不会与人类发生冲突。

然而，一些变故使得长右的性格发生了变化。我们都知道，掌管水的天神名叫共工。共工与颛顼同为天神，二人争夺天帝的位置，谁也不让谁，他们斗争了好几年都没有结果。

二人一直从天庭争斗到不周山的山脚下。不周山的正中心是一根矗立着的巨大天柱，传说这是女娲补天时为了支撑五彩石而筑成的。二人斗争许久未果，脾气暴躁的共工忽然怒火中烧，他一头撞向了不周山的天柱。

天柱随着共工的猛烈撞击碎成了好几截，没有了天柱的支撑，整个天地都开始塌陷。天崩地裂的声音让普通人都难以承受，更不用说听觉灵敏的长右。

　　原本居住在不周山的长右被噪声袭击，这变故虽然没有让长右失去性命，却使得它们性情大变。原本善良的长右变成了凶狠、恶毒的猛兽。它们不再躲避人类，如果人类入侵了它们的领地或者不小心看到了它们的身影，长右就会发动洪水，冲毁人类的居所。

　　后来，颛顼又一次撑起了天地，不周山虽然恢复了平静，但是在这里居住了许久的长右们都纷纷离开了故土，它们搬迁至了一座荒山，由于人们惧怕长右，就将荒山命名为长右山。人们默契地约定，不管发生什么事情，都不会前往长右山打扰长右们的生活。

38 红胡须的怪羊

葱聋

分类： 效用猛兽
属性： 上古原羊
外貌： 身形如羊，长着红色的鬣（liè）毛
特点： 肉可以食用

> 《山海经·西山经》原文有记载："其兽多葱聋，其状如羊而赤鬣。"

在小华山往西八十里的符禺山上，居住着一种名为葱聋的动物。除了胡须是红色以外，葱聋的身体特征都与普通的羊一样。传说我们现在常见的羊，就是由葱聋驯化而来的。

符禺山下，生活着一群以打猎为生的猎户，他们经常到山上猎杀动物。猎户当中有一名叫羊的青年，他虽然继承了父亲的衣钵，但是却十分厌恶打猎。上山捕猎是羊最讨厌的时刻，但是迫于生计，他只能射杀动物们。

每当打猎的时候，羊都在想："就没有一个简单的方法，能够让自己不再需要猎杀这么多的无辜动物吗？"

有一次，羊上山打猎时，遇到了一只葱聋。葱聋是猎户们最喜欢的动物，猎杀一只葱聋，人们一个月都不需要上山。羊忽然冒出了一个想法："要是能抓住葱聋，再将它圈养起来，繁殖出无数小葱聋，这样不就可以不必再捕杀其他猎物了吗？"

于是，羊活捉了两只幼小的葱聋，并将它们圈养在自己家中，给葱聋提供了丰富的水和草。日子一天天过去，葱聋也渐渐长大，它们

开始繁殖自己的后代。

　　羊细心照料着葱聋的幼崽，等到它们长大，就前往集市售卖。集市的人们问羊："羊，好几个月不见你打猎，怎么你能凭空变出一只葱聋呢？"

　　羊看了一眼周围的商家，他告诉人们自己圈养葱聋的事情，并且告诉大家，养葱聋可比打猎方便多了，希望大家都加入养葱聋的行列，这样就不用每天上山打猎了。

　　起初，人们并不相信羊说的话，但是几年过去了，羊家里的葱聋越来越多，生活也越来越富有。人们终于相信了羊的话，纷纷放弃打猎，开始圈养葱聋。

　　慢慢地，符禺山下的村民都不再上山，山上的动物们生活得悠然自得，而村民们也靠着圈养葱聋，生活得十分安乐平静。

　　后来，其他村子也陆续效仿羊圈养葱聋，并且随着时间流逝，葱聋的名字也渐渐变为第一个饲养它的人的名字——羊。

39 长着狗脑袋的老虎

独狢

分类： 奇怪猛兽

属性： 秦始皇之兽

外貌： 身形如虎，脑袋像狗，鬃毛像猪

特点： 出现的地方多宝石，会守护大富大贵的人

《山海经·北山经》原文有"又北三百里，曰北嚣之山，无石，其阳多碧，其阴多玉。有兽焉，其状如虎，而白身犬首，马尾彘鬣（zhì liè），名曰独狢"的说法。

"彘鬣"是指猪身上的一种毛，这种毛又硬又结实，一般长在动物的头部和脖子上，是动物们为了防止野兽咬到它们的一种天然进化。

钩吾山往北三百里的地方，有一座叫作北嚣的山，山上没有坚硬的石头，山的南边盛产碧玉，山的北边盛产玉石。在这里，生活着一种名为独狢的异兽。

独狢的长相十分神奇，长着像老虎一样的身体，不过，它们的身上没有虎斑花纹，整个身体都呈白色。它们的头部也不像猫科动物，而是像狗一样，有着凸出的嘴巴。它们的脖子上还长着坚硬的鬃毛。尾巴像马尾一样，长长地垂在地上。

传说嬴政幼年时曾遇到过独狢。有一次，年幼的嬴政在郊游途中与仆从走散了，他呼叫了半天，也没有看到仆从的踪影。不过，他并没有惊慌，打量着周围的环境，他发现了一条潺潺流动的小溪。他想："既然有水，这附近就一定有人家，我沿着溪水走，应该就能找到王都。"

走了许久后，嬴政发现周围还是没有人的踪影，此时，天渐渐黑了下来，他开始有点慌乱了。为了躲避山林里的猛兽，他决定找一个山洞躲一晚上，第二天再继续赶路。

怀着这样的想法，他找到了一个山洞。但是，山洞里却传来一阵微弱的声音。忽然，一只巨大的"老虎"跳了出来，将年幼的嬴政吓倒在地上。

说是"老虎"，这怪兽却长着狗头、猪毛、马尾，身体还是白色的。"老虎"对着嬴政吼叫，却没有伤害他的意思。嬴政冷静下来，对着"老虎"说道："我不是有意来到你的领地，只是因为天黑了，才误闯了进来。"

"老虎"听完这话，渐渐安静了下来。它慢慢走到嬴政身边，用嘴将他叼上了"虎"背，随后，它趁着夜色，将嬴政送回了都城。

后来，知道了这件事的人们纷纷议论："这种外表奇特、极其凶猛的动物，不仅没有伤害嬴政，还将其安全送到了城内，这说明嬴政乃天命之子，有帝王之相啊！"

果然，没过多久，嬴政就被立为秦王，最后吞并了周围的六个国家，成为历史上第一个统一中国的帝王。而那只护送嬴政的神兽，则被人们称为"独狢"。

40 化身为鸟的天神

分类： 厄运猛兽
属性： 鸟身天神
外貌： 鸟形，长着人的脸和龙的身子
特点： 出现后会带来旱灾

《山海经·西山经》有"又西北四百二十里，曰钟山。其子曰鼓，其状如人面而龙身，是与钦䲹杀葆江于昆仑之阳，帝乃戮之钟山之东曰崝崖。钦䲹化为大鹗，其状如雕，而墨文白首，赤喙而虎爪，其音如晨鹄，见则有大兵；鼓亦化为鵕鸟，其状如鸱，赤足而直喙，黄文而白首，其音如鹄，见即其邑大旱"的记载。

崟山往西北四百二十里的地方有一座钟山，这座山上住着钟山山神和他的儿子鼓。

鼓有着人的脸庞和龙的身体，除了头部，它的身上都被鳞片覆盖。但是后来，它逐渐演化成为一种大鸟。人面龙身的鼓为何会变成一只大鸟呢？事情是这样的：

鼓有一个名为钦䲹的好友，二人形影不离，十分亲密。而钦䲹有一个宿敌，名为葆江。葆江是昆仑山的守卫，他常常驻守在昆仑山的阳面。钦䲹与葆江曾经因担任昆仑山守卫职位的事发生冲突，此后二人便成了敌人。

一日，钦䲹带着烈酒来找鼓，二人喝得酩酊大醉。趁着酒气，钦䲹向鼓说起了他与葆江的恩怨。根据钦䲹的说法，本来昆仑山的职位应当是钦䲹担任，但是葆江却横插一脚，将职位抢了过去。自己四处

找人打听葆江上位的原因，人人都说葆江是英雄好汉，守卫的职位就应当让葆江担任……

钦䲹说着说着就开始哭泣。鼓听了钦䲹的话，越发觉得葆江不是个东西。他拉着钦䲹说："咱们这就上昆仑山找葆江讨个公道！"说完，二人便气冲冲地去了昆仑山。

昆仑山上，葆江正在坚守岗位。看到醉酒的钦䲹和鼓，他没有多说，只是请求两人回去，等酒醒了再来。没想到钦䲹和鼓完全不听葆江的劝说，他们拔出刀剑，直冲着葆江袭来。

葆江为了自保，只能和二人开打，寡不敌众的葆江终于败下阵来。然而，钦䲹和鼓因为醉酒，下手没有轻重，重伤的葆江最终被他们刺死。

天帝知道了这事，痛斥钦䲹："葆江担任官职就是因为他尽职尽责，不像你玩忽职守，整日酗酒，你这样杀死了葆江，该以死谢罪！"

后来天帝就以私自诛杀天神的罪名，在钟山杀死了钦䲹和鼓。死后的钦䲹化为了大鹗，长相像雕一样，身披黑色花纹，头部雪白，面部长着红色的喙，每当它在天空飞行时，就会发出如天鹅一样的叫声。

而鼓则化作了鵕（jùn）鸟，长相与猫头鹰类似，身上披满了黄色的斑纹，头部雪白，脚为赤红色，嘴巴又直又长。每当它从天空飞过，也会发出天鹅般的声音。

据说，如果天空中有大鹗飞过，不久国家就会发生战争；如果天空有鵕鸟飞过，那里就会出现旱灾。

41 会招来大水的怪兽

分类：厄运猛兽

属性：婴啼水兽

外貌：身形如豺狼，长着人的脸，有翅膀，像蛇一样行走

特点：出现后会带来洪水

《山海经·中山经》原文有记载："化蛇，其状如人面而豺身，鸟翼而蛇行，其音如叱呼，见则其邑大水。"

化蛇，传说是古代的一种怪兽，它的脸长得和人类十分相像，但是却有着豺狼一样的身体，背后长着翅膀。它们行走的样子更加奇特，不管是人还是豺狼，行走的时候都是靠脚发力，化蛇则不同，它们前行的方式是像蛇一样蜿蜒前行。

自古以来，长相奇特的怪兽都有异于常人的能力，化蛇也不例外。根据古书记载，化蛇是一种能够招来大水的神兽。它的声音像婴儿大声啼哭，又像妇人在叱骂，只要它们发出声响，就一定会引来大水。

春秋年间，魏国的一个村民曾经在都城大梁城的附近听到了婴孩的啼哭声。为了找到婴儿，他就顺着发出声音的方向一直寻找，结果，他不仅没有找到婴儿，还看到了长相奇异的化蛇。因为害怕，村民就赶紧回到了城中。

结果没过几天，大梁城就遭到了洪水的袭击。村民们在逃亡途中，又有很多人看到了化蛇，有资历的老人立刻警告人们：这怪兽是千年神兽化蛇，安静的它们不会给人类带来灾祸，但是它们要是发

出声音，就会引来大水。路过化蛇的时候，你们一定不要发出声响，也不要四处张望，不然的话，化蛇发怒，发出声音，就又会引来大水了！

后来，每当人们看到化蛇，就会静悄悄地从它身边走过，不发出一点声响。

能够吐出火焰的神兽

祸斗

分类： 奇怪猛兽
属性： 黑色的野兽
外貌： 身形如狗，通体黑色
特点： 以吞吐火为乐趣

> 《山海经广注》吴任臣注（引《本草集解》）：南方有厌火之民，食火之兽，注云：国近黑昆仑人，能食火炭，食火兽名祸斗也。

在我国的南方等地有一种妖兽，它们的食物是火焰，排出的粪便是火焰，甚至还能从口中吐出火焰，可以说，它们就是火的化身。这种妖兽的名字叫作祸斗。

最早记载祸斗的书籍，正是《山海经》。不过，那个时候，人们并不知道祸斗的长相，只知道南方有一个厌火国，这里有一种神奇的黑色怪兽，怪兽的口中能够喷出火焰。后来，人们才慢慢了解祸斗的样貌。

传说，祸斗的外貌与狗十分相像，它们通体覆盖着黑色的毛发，这些毛发上还反射着特殊的光泽。虽然长相普通，但是它们却被人们看作是不祥的象征。

祸斗进食的火焰，经过身体的消化吸收，会变成一种温度更高的火焰，这种火焰通过排便的形式被祸斗排出，燃烧七天七夜才会熄灭。有许多国家和村庄都是因为祸斗的火焰灭亡，还有许多人被火焰烧成灰烬。也正是这个原因，古人并不喜欢祸斗。

不过，也有人曾经利用祸斗做过好事。相传，常州义兴县有一名名叫吴堪的鳏（guān）夫[1]，他的性格十分恭顺，在县衙里当一名小吏。

吴堪的家在一条名为荆溪的清澈溪水边，为了防止溪水被邻居污染，他在小溪周围筑造了篱笆。吴堪每天回家，仅仅是远远看着小溪，从来没有到溪水中嬉戏过。

[1] 鳏夫：指丧失妻子的男子。

有一年，吴堪在岸边远眺时，发现了一颗闪着白光的田螺，他将田螺拾回家中，用清水悉心照料。神奇的事情发生了，自从捡回了田螺，吴堪每回从县衙回家，家中都备好了饭菜。

这饭菜一做就是十几天，吴堪终于坐不住了。他以为是邻居看他家中只有一人，好心帮他做好晚饭。于是就带了礼物，来到邻居家中。谁知，邻居纷纷表示从来没有去过他家。其中还有一位婆婆说："你可别客气啦！我前两天路过你家，看到你新过门的妻子了，容貌那样美丽，有这样的妻子在家为你做饭，哪里还用感谢我们这些老太婆！"

吴堪听了婆婆的话很是迷茫，他心想家中一穷二白，哪有什么美丽的妻子呢！于是，他偷偷回到家中，发现了田螺姑娘的存在，于是，吴堪便和田螺姑娘生活在了一起。

幸福的生活没过多久，县令就带人来到了吴堪家中，要求吴堪交出家中的"蜗斗"，否则就将吴堪处死。原来，县令听说了吴堪家中有田螺姑娘的事情，就起了将田螺姑娘占为己有的坏心。

面对县令的威逼，吴堪灵机一动："县令大人啊，请您通融我几天，等我将'蜗斗'姑娘打扮好了，就送到府衙里献给您！"

县令走后，吴堪叫出田螺姑娘，他将姑娘的行囊收拾妥帖，告知姑娘在村东头的石柱处等他，自己则前往厌火国，请来了一只小小的祸斗。他将祸斗打扮得像姑娘一样，送给了县令，并告诉县令，这就是那化身为美娇娘的"蜗斗"。县令高兴地收下了"蜗斗"，没过几天，家里就被大火吞噬。吴堪则带着行囊，找到了真正的田螺姑娘，与她前往另一个国家，幸福地生活了下去。从这个故事看来，祸斗做的也不都是坏事，起码它还惩罚了一个坏人！

43 独眼蛇尾的灾难之兽

蜚 (fēi)

分类：厄运猛兽
属性：独眼巨牛
外貌：身形如牛，长着白色的脑袋和蛇的尾巴，只有一只眼睛
特点：出现后会传播瘟疫

> 《山海经·东山经》原文有记载："又东二百里，曰太山，上多金玉、桢木。有兽焉，其状如牛而白首，一目而蛇尾，其名曰蜚，行水则竭，行草则死，见则天下大疫。"

蜚，传说是太古时期的一种凶兽。它的外貌与牛相似，唯有头部为白色。它的头部只长着一只眼睛，尾巴也不像牛，而是像蛇一样的光滑长尾。

长相怪异的蜚，在太古时期是人们最为惧怕的灾难之兽，传说只要它经过的地方，水源都会干涸，草木都会枯死，如果它的踪迹被人们发现，还会导致人间疫病流行。

与蜚有关的故事有一则：

很久很久以前，有一座名为太山的山脉，这座山素来被人们称为福地，因为这里不仅长着大量的桢木，还储藏着很多金子和玉石。住在这里的人们靠山吃山，靠水吃水，生活十分平静。

有一年，村里的医师上山采药时，发现有几处溪水莫名其妙地干涸了，溪水的附近还有着像牛一样的蹄印，这些蹄印走过的地方，草木也全部枯萎了。不过，医师并没有多想，他觉得溪水干涸说不定是近几天雨水太少导致的，而草木干枯也有可能是被哪种兽类吃掉了。

采完自己需要的草药,他就下山回家了。

不久后,村里找医师看病的人多了起来。医师发现,村民们得的并不是常见的伤风、上火,而是一种奇特的疫病。得病的人往往会一家人"全军覆没"——全部感染这病症。且随着时间流逝,村里患病的人越来越多。医师非常不解,到底是什么导致这种疫病出现的呢?他左思右想也想不出疫病的来源。

一天,在煎药的时候,有一位虚弱的年轻人向医师说道:"医师,前阵子我上太山的时候,发现山上好几条小溪都干涸了,还有动物走过的痕迹,很奇怪的是,这动物走过的小路,竟然都寸草不生。我特别好奇是什么动物,就追着光秃秃的小道上了山。我在山上看到了一只独眼、蛇尾、特别像牛的怪兽。它瞪了我一眼,我被吓到就回了家,回家之后就得了这怪病,还将我的家人都传染了。你说,我这病是不是跟这凶兽有关系呢?"

医师听了年轻人的话,脑袋里灵光一闪,他想起古书中记载的一种灾难之兽,名字叫作蜚,长相和年轻人说的分毫不差。他激动地告诉年轻人:"怪不得用遍草药你们的病情都不见好转,原来疫病的源头竟然是太古凶兽蜚!我知道治病的方法了!"说完,医师就快步山上,去寻找治病的药草。

几个月后,村民们都被治愈,医师将村民们召集在一起,告诉他们:"太山上现在来了一头灾难之兽——蜚,如果被蜚看到,就会染上疫病。为了防止再次得病,大家以后就不要上山了。"村民们听了医师的话,再也没有上过太山。果然,村子里就再也没有人得过疫病。

擅长投掷的猴子

举父

分类：奇怪猛兽
属性：投石猿猴
外貌：身形像猿猴，长臂而有花纹
特点：擅长投掷，喜欢用石头砸人和猛兽

> 《山海经·西山经》原文有"有兽焉，其状如禺而文臂，豹虎而善投，名曰举父"的记载。

人们常说猿猴是人类的祖先，这种说法也不无道理。至少人和猿猴的行为，在很大程度上都十分相似。并且在远古时代，猿猴就已经出现，也许经过上万年的进化和发展，猿猴就变成人类了。

比如很久以前的一种猿猴，它的行为就与人类很相似。这种猿猴叫作举父，它们生活在古代一座名叫崇吾山的山上。

举父的外貌与现代的猿猴很像，它们的手臂上有着各色的斑纹，看起来就好像是文身一样。传说举父是一种擅长投掷石头的猿猴，每当遇到虎豹等肉食动物，它们不会像其他动物一样四处逃窜，而是像人类一样，举起巨石砸向虎豹，使得它们因为疼痛而逃散。

不过，也有人说举父并不是猿猴，而是人的一种。人们认为，根据古书的记载，举父的样貌和远古时期的巨人族夸父族很是相近。

夸父族中的人个个矫健，力大无穷。他们因力量遭到了其他族群的打压，后来，夸父族为了逃避战争，就佯装成了猿猴。他们不再穿衣梳洗，而是将自己的体毛留长，假装成猿猴。只有当回到自己的巢穴时，他们才会互相用语言交流，并重新穿上衣服。

　　每当遇到虎豹种群,夸父族人就会搬起巨石砸向它们,这样,虎豹们就不敢再靠近他们了。

　　到底举父是不是猿猴呢?我们不能够凭借古书中的几句话就知晓真相,但是,可以知道的是——举父一定是因为喜欢举着石头砸人才会被人们称为"举父"的!

浑身长满老鼠毛的鸟儿

蛰(zī)鼠

分类：厄运猛兽
属性：枸状山妖鸟
外貌：外形像鸡，长着老鼠一样的皮毛
特点：出现后会带来旱灾

> 《山海经·东山经》原文有"又南三百里，曰枸状之山，其上多金玉，其下多青碧石。……有鸟焉，其状如鸡而鼠毛，其名曰蛰鼠，见则其邑大旱"的记载。

看到蛰鼠的名字，你们一定以为这是一种老鼠吧！其实不然，蛰鼠虽然名称里带有"鼠"字，但是它却是一种鸟。

蛰鼠的模样与鸡相似，但是它们的身上却没有鸡那样的长羽毛，而是覆盖着像老鼠一样的深灰色短毛。人们第一次发现蛰鼠时，被它们的鼠毛所迷惑，还以为是一只长得巨大的老鼠，于是就给它起名为"蛰鼠"。后来，当人们看到蛰鼠张开翅膀时才恍然大悟，所谓的"老鼠"原来是一种鸟。

传说蛰鼠住在藟山往南三百里处的枸状山上，最初它们与人类并没有仇怨，但是人们的大量捕食，严重影响了蛰鼠的繁衍，于是，蛰鼠就开始了它们的复仇。

枸状山的半山中间是一片平原，多个村子都在这里聚居。以前，蛰鼠与人们各自生活，并没有交集，但是在某一年，这种情况发生了改变。

这年，枸状山不知道出现了什么变故，即使是浇了足够的水，施了足够的肥，村民种植的庄稼还是纷纷枯死了。没有了收成的人们只能进入枸状山采集草木，捕杀动物。

人们第一次上山捕猎时，看到了长得像老鼠的蛰鼠。那时候，人们还以为这种鸟就是老鼠，因为害怕吃了得鼠疫，于是在捕猎时纷纷避开了蛰鼠。

但是山上的食物有限，仅仅捕捉常见的动物，并不能让人们填饱肚子，有些胆大的人就开始捕捉蛰鼠食用。这些人惊喜地发现，这蛰鼠居然不是老鼠，而是一种鸟，只不过它们的皮毛像老鼠，才会被人们当作老鼠。知道了这个秘密后，人们都开始捕捉蛰鼠。

蛰鼠的数量锐减，连幼小的蛰鼠都被人们捕杀了。眼看着蛰鼠就要走向灭亡，蛰鼠种群开始了反抗。蛰鼠的头领找到了火神祝融，祝融同情蛰鼠的遭遇，就给了蛰鼠一种神奇的力量——只要是它们的踪迹被人类发现，人类的村庄就会持续干旱。

有了这种神力的蛰鼠再也不惧怕人类，枸状山上，人们还在捕捉蛰鼠，同时，他们也发现，干旱的气候完全没有缓解的趋势。慢慢地，村民开始搬离枸状山。

等到人们全部搬迁，蛰鼠的生活才恢复了正常。后来，人们才知道，蛰鼠已经拥有了神力，如果人们依旧捕杀它们，人类生活的地区将越来越干旱，最终形成粮食颗粒无收的局面。

46 爱笑的猕猴

幽鴳（yàn）

分类：奇怪猛兽
属性：爱笑的猕猴
外貌：身形如猕猴，身上有花纹
特点：性格温顺，喜欢冲人发笑

《山海经·北山经》原文有记载："又北百一十里，曰边春之山，多葱、葵、韭、桃、李。杠水出焉，而西流注于泑泽。有兽焉，其状如禺而文身，善笑，见人则卧，名曰幽鴳，其鸣自呼。"

你们知道吗？在我国古代，有一种神奇的猕猴，它们不像普通的猴子那样喜欢龇牙咧嘴，这种猕猴特别爱笑，它们的名字叫作幽鴳。

在北边一座名为边春的山上，不仅有人们常见的葱、葵花、韭菜、桃子、李子等蔬菜水果，还有一处名为杠水的清澈溪流。杠水从边春山汇集，一直注入西边的泑泽，猕猴幽鴳就居住在这里。

幽鴳的样貌和猴子很像，它们的身上覆盖着花纹，叫声与它们的名字一样，为"幽鴳、幽鴳"。它们的性格十分温顺，从来不会攻击人类，看到人类还会发笑，并且卧倒在人的面前。

不过，有人说，这种温顺的猕猴并不喜欢卧倒在人们面前，而是在假装熟睡。人们发现，这种猕猴没有像长臂猿那样长的手臂，能够快速攀越树木；它们也不像豺狼虎豹那样有尖利的牙齿，能快速杀死动物。由于它们不能依靠逃跑和袭击其他动物躲避危险，所以，在遇到危险时，它们就假装熟睡，也就是依靠"假死"来躲避危险。

当然，这种方法可以蒙骗其他动物，却没办法骗过人类。虽然人

们发现幽鴳是在"装死",但是由于它们并不会对人类造成威胁,所以每当人们遇到熟睡的幽鴳时,也不会伤害它们。相反地,人们还会将边春山上的野果摘下来放在幽鴳的身边。

时间长了,幽鴳发现人类并不会伤害它们,就放下了对人们的戒备。再往后,每当幽鴳遇到人类时,就会真的发笑,并卧倒在人们身边,请人们给它们摘野果食用。

47 人面怪兽

窫窳（yà yǔ）

分类：厄运猛兽
属性：天帝之子
外貌：长着蛇一样的身体和人一样的脸
特点：喜好吃人

> 《山海经·海内西经》原文有"开明东有巫彭、巫抵、巫阳、巫履、巫凡、巫相，夹窫窳之尸，皆操不死之药以距之。窫窳者，蛇身人面，贰负臣所杀也"的说法。

窫窳，又叫作猰貐（yà yǔ），是古代的一种神兽。别看窫窳的名字难记，它可是古代的天神呢！

传说窫窳是天帝的儿子，原本是一个善良的天神。他长着人一样的面庞，身体却呈蛇形。按理说这种长相的天神应当很少见，但是天庭却有一个跟他一个模样的天神，名字叫作贰负。

贰负的手下有一名名叫危的天神，危向贰负挑唆："你这种长相，在天界应当是独一无二的，可是天帝的儿子却跟你长得一样，这可是神界的一大耻辱！"贰负脾气十分暴躁，听了这话，就立刻去挑战窫窳。

善良的窫窳没有同意贰负的挑战，贰负一气之下，就打伤了窫窳。不久后，窫窳奄奄一息的消息传到了天帝的耳朵里。调查过后，天帝知道是危挑拨贰负与窫窳的关系，才导致窫窳的重伤。于是，天帝派人抓住危和贰负，并重重处罚了他们。

两个犯错的人虽然得到了应有的惩罚，但是窫窳也失去了呼吸。

天帝十分难过，他四处寻找灵丹妙药，希望能够挽回窫窳的生命。皇天不负有心人，这种灵药终于被找到了——几位开明山的巫师用自己毕生研究的不死药救活了窫窳。

本来，窫窳复活应该是一件令人欣慰的好事，但是事与愿违，复活后的窫窳性情大变，完全变成了一头凶猛的野兽。它四处虐杀人类，最终掉进了弱水当中。

在弱水中，窫窳的体态发生了变化，它的蛇形身体变化得像牛一样，身体的颜色也变得赤红，还长出了像马一样的脚蹄。它发出的悲鸣声像婴儿一样，使人听了会莫名地哀伤。变身后的窫窳生活在少咸山上，因为经常吃人被后羿射杀。

48 有赤红大脚的猿猴

分类： 厄运猛兽
属性： 死亡之猴
外貌： 身形如猿猴，长着白色的脑袋和红色的脚
特点： 出现后会带来战争

《山海经·西山经》记载："又西四百里，曰小次之山，其上多白玉，其下多赤铜。有兽焉，其状如猿而白首赤足，名曰朱厌，见则大兵。"

中国神话传说中有这样一头凶兽，它的名字叫作朱厌。朱厌生活在出产白玉、赤铜的小次山上，它的长相与猿猴类似，但是却有着雪白的头部和赤红的大脚。

朱厌的行动十分敏捷，它能够攀缘着山林的藤蔓游走，常常一瞬间就能转移到另外的地方。正是因为朱厌常常神出鬼没，人们基本上遇不到它。不过，传说只要遇到朱厌，国家与国家之间就会出现战争。

小次山山脚下有两个国家，一个叫作风国，一个叫作水国。风、水两国的君主，常常因为争夺小次山上的珍宝发生争执。

风国认为，它们距离小次山最近，应当是小次山的主人；而水国则认为，它们最先定居在小次山山脚下，根据先到先得的道理，它们才应当是小次山的主人。

这天，两国国民又在山脚下因为山的所属权闹了起来，两国国君也来到了山脚下。这一天天地闹事也不是办法啊！水国国君便向风国国君提议："咱们将这小次山一分为二，一个国家一半，这样总公平了吧！"

"这倒是个好方法，靠近水国的一半属于水国，另一半归我们。"风国国君点了点头，同意了水国国君的想法。

当他们正打算握手言和时，忽然一颗石头从水国这边飞了出来，直接砸向了风国国君的脑袋，风国国君头顶瞬间冒出了鲜血。

"这不是欺负人吗！""你们就是这样谈判的吗？""弟兄们，水国不讲义气，咱们跟他们打！"风国国民一时间抄起手中的家伙冲向水国。就这几分钟的时间，两国国民就打成了一团。两国互不相让，打得不可开交。

谁也没有看到，远处的树杈上正坐着一个白首赤脚的朱厌，手里握着石头砸向人群……

这个故事传到后来，人们便相信了朱厌就是引起战争的怪兽，凡是遇到朱厌，国家之间准会兴起战争。

49 长着人脸牛耳朵的神兽

诸犍(jiān)

分类： 效用猛兽
属性： 衔尾巨豹
外貌： 身形如豹子，长着人的脸和牛的耳朵，只有一只眼睛
特点： 擅长躲避人

> 《山海经·北山经》记载如下："有兽焉，其状如豹而长尾，人首而牛耳，一目，名曰诸犍，善咤，行则衔其尾，居则蟠其尾。"

长着人脸的神兽有很多，但是人脸加上牛耳朵的神兽却很少，诸犍就是其中之一。它的面部仅有一只眼睛，由于缺少一只眼睛，诸犍能够看到的景物十分有限，在区分环境上，诸犍就显得力不从心。

传说诸犍生活在蔓联山以北八十里的单张山上，它的身形与豹子一样又长又轻盈，但是身后却有一条长长的尾巴。行走时，它常常将自己的长尾巴叼在嘴里，休息时再把尾巴盘踞起来。

最初，诸犍并不会在行走时将尾巴叼起来，而是像正常的动物一样，也是用尾巴平衡身体。为什么诸犍会改变自己的行走姿态呢？这还要从很久很久以前的一个故事说起。

居住在单张山的诸犍，并不喜欢参与人类的生活，每次遇到人，它都会快速地离开单张山，不让人类看到它的踪迹。

可是诸犍越是这样，人们就越想找到诸犍。人们趁着诸犍离开单张山的时候，在山里设下了一个陷阱。他们将地面挖出一个大坑，再在坑面上覆盖上杂草。猛地一看，这陷阱竟然与周围的环境浑然一体，完全看不出是陷阱。

返回单张山的诸犍果然没有发现陷阱的存在，它的身体坠入了人们设下的陷阱，只有长长的尾巴还露在陷阱外面。

没过多久，人们发现陷阱塌陷了，就互相呼喊着一同到单张山看神兽诸犍。发现人类踪迹的诸犍十分气恼，它发出了一声怪叫，这叫声使得人们不敢再往陷阱迈近一步。

这时候，有人在陷阱外发现了诸犍露在外面的尾巴，这尾巴又细又长，还覆盖着亮眼的毛发。"摸了诸犍的尾巴就能升官发财！"其中一个人大声喊道。听了这话，人们争先恐后地争抢着摸诸犍的长尾，一时间，长尾巴竟被十来个人一同攥住。

本不想伤害人类的诸犍此时已经怒火中烧，它奋力一跃，将攥住长尾的人甩了出去。跳出陷阱的诸犍走向人群，这时的人们全都因为诸犍的大力挥甩受了伤，人们看着愤怒的诸犍，想要逃跑却因为疼痛难以行动。

诸犍对着人们怒目而视，好像在警告人们一样。几分钟之后，它转头叼住了自己的尾巴，轻盈地跃进了山林。此后，诸犍就不再将尾巴放下行走，就连睡觉时也要将尾巴盘起来。

那摸了诸犍的尾巴到底能不能升官发财呢？一同布置陷阱的人们询问说出这话的人，这人只能讪讪地说出实话，原来这话是他当场杜撰的！

人们纷纷表示："可不是嘛，天底下哪有这样的好事啊！"说完人们就一哄而散了。

50 能够辟邪的神犬

谿(xī)边

分类：效用猛兽
属性：西山神犬
外貌：身形如狗
特点：用它的皮毛做被褥会让人不受蛊惑

> 《山海经·西山经》记载："有兽焉，其状如狗，名曰谿边，席其皮者不蛊。"

谿边是居住在天帝山的一种神兽，它的外貌与狗相似，但是却能够爬树。古人常常将谿边的皮制成坐垫、席子，据说，用谿边皮制成的物品，不仅可以防虫蚁，还能够驱邪避怪。

天帝山脚下，有一片名为李庄的村落，村子里有一个叫李大壮的农户，他的家族世世代代都生活在这里。

一天，李大壮在农田耕种时，忽然感觉到有一股冷风刮过。他四处看了看，并没有发现什么异常，于是继续干活。殊不知，他已经被妖兽的邪气入侵。

晚上，李大壮躺在床上辗转反侧，怎么也无法入睡——只要一闭眼，他满脑子都是怪物的形象。李大壮的妻子发现了丈夫的异常，她小声询问丈夫："大壮，你是身子不舒服吗？我看你浑身出汗啊！"

妻子一说，李大壮这才反应过来，自己的被褥已经完全被冷汗浸湿，手脚也冷得像冰块一样。李大壮想要开口说话，但是他发现自己此时连话也说不出了。他用自己的眼神示意妻子，想要告诉她白天的经历。不过，这并没有什么用处，妻子并不理解李大壮的意思。

第二天一早,妻子推着李大壮来到了村里的诊所。妻子向医师阐述了李大壮的病症,但是医师却对李大壮的病毫无头绪。无奈之下,医师告诉李大壮的妻子:"他这怪病,我实在是束手无策,看着也不像是什么病症,但是却又没有意识,我看这有点像邪气入侵。这样,

你带着他去天帝山找王村的朱婆婆。朱婆婆专门医治疑难杂症，说不定她会有什么办法。"

妻子听从医师的话，带着李大壮来到王村，找到了朱婆婆家。

还没等敲门，朱婆婆沧桑的声音就从屋子里传了出来："你不用把那人带到屋子里，把东边晾晒的那张皮给病人穿上，三天过后，他自然就痊愈了。"

妻子照着朱婆婆的意思，将那张皮给李大壮穿在身上。三天过去了，李大壮果然康复了。他向妻子叙述了前几日白天的事，二人才意识到，那凉风可能是什么妖邪。而朱婆婆给妻子的那张兽皮，正是那种能够辟邪的神犬——豀边的皮。

有人说，豀边就是狗的祖先，经过世世代代的繁衍，豀边的外观已经完全和狗类似，就连它们的作用都十分相似：豀边皮能驱邪，狗血也能驱邪。不过，妖邪的说法，是由于古人缺乏科学常识，一些奇特现象人们无法解释，便认定它们是妖魔鬼怪等怪物。实际上，世界上哪里有妖怪存在呢？如果有的话，它可能仅仅是一种人们没有见过的生物。

51 狡猾凶狠的奇异动物

朱獳

分类： 厄运猛兽
属性： 耿山凶兽
外貌： 身形如狐狸，背后长着鱼鳍
特点： 出现后会带来灾祸，让人们恐慌

《山海经·东山经》有"又南三百里，曰耿山，无草木，多水碧，多大蛇。有兽焉，其状如狐而鱼翼，其名曰朱獳，其鸣自讯，见则国有恐"的说法。"其鸣自讯"的意思，就是说朱獳的鸣叫声即为"朱獳"。

传说，上古时期有许多奇异神兽，其中，有一种外形像稍大一些的狐狸，且背部长有鱼鳍的凶兽。相传，它们走到哪里，哪里就会产生恐慌。

一日，几个小孩聚在村口玩耍，突然看到前面有一只奇怪的动物。这只动物长得像狐狸，但背上却长有鱼鳍。孩子们十分好奇，纷纷围了过来，讨论这到底是什么动物。

而这动物也不怕人，只是斜着眼睛，嘴角噙着笑打量着孩子们。孩子们见这动物笑得诡异奸诈，便四散而去，自顾自地玩耍了。

到了半夜，村里的孩子们突然从炕上坐起来，闭着眼睛往屋外走。来到大路上，孩子们排成队，一声不吭地往山里走去。这座山名叫耿山，奇怪的是山上光秃秃的，并没有花草树木。不过，这里盘踞着很多大蛇，村民从来不敢上耿山。

第二天天刚亮，村里的各户人家便响起了惊慌的哭声——是那些丢了孩子的人家。男人们又惊又怒，女人们则啼哭不已。村里的长老赶紧将村民聚集在一起，问有没有谁知道什么。这时，一个刚行了冠礼[1]的男子说，昨天他看见有几个孩子在路边围着一个长得像狐狸，背上长着鱼鳍的动物，看上去十分古怪。

村里的长老重重地叹息一声，说道："这是耿山上的凶兽，名叫朱獳。这种动物长得像狐狸，背上长着鱼鳍，去到哪里，就会给哪里带来灾祸！咱们村里的孩子，肯定是让朱獳捉走了。"听了

长老的话，村里孩子的母亲们纷纷落下眼泪，男人们则举起手中的农具、武器，要上耿山捉住朱獳，将孩子们救回来。

长老说道："朱獳这种动物十分狡猾狠毒，并且耿山上多有大蛇，恐怕孩子是追不回来了。"可是，丢了孩子的人家怎么听得进去呢，他们拿起手中的武器，一行人浩浩荡荡地上了耿山。

日落时分，村里的男人们并没有回来；第二日，他们依旧没有回来；第三日，男人和孩子们还是没有音信。村里的老人和女人们日日以泪洗面，后来他们大部分都搬离了村子，只有少数人还留在家中，盼着亲人归来。

朱獳是一种狡猾凶狠的奇异猛兽，古人将它视作凶兽，认为它去到哪里，哪里就会发生灾祸和恐慌。所以，当人们见到朱獳时，就一定会赶快搬家，以免受到牵连。

---

[1]冠礼：古代男子二十岁行冠礼。

52 守着宝藏的猛兽

蠪蛭 (lóng zhì)

分类：奇怪猛兽

属性：不会让人做噩梦的兽

外貌：身形如狐，长着老虎一样的爪子，有九条尾巴、九个脑袋

特点：喜欢金玉财宝，毛发可以让人不做噩梦

《山海经·东山经》记载："又南五百里，曰凫丽之山，其上多金玉，其下多箴石。有兽焉，其状如狐，而九尾、九首、虎爪，名曰蠪蛭，其音如婴儿，是食人。"

在遥远的凫丽山深处，盘踞着一种令人闻风丧胆的猛兽——蠪蛭。蠪蛭形如狐狸，却拥有老虎般锋利的爪子，更令人惊骇的是，它竟长着九条尾巴、九个脑袋，突然出现在人前，仿佛有九重幻影一样，令看到它的人无比恐惧。传说蠪蛭守护着山中的金玉宝藏，性情凶猛，而且经常吃掉那些觊觎宝藏的人，是凫丽山附近生灵的噩梦。

在被蠪蛭恐惧氛围笼罩的凫丽山的山脚下，住着一户普通的村民，丈夫名叫孙守，妻子人称李氏，他们有一个儿子，名叫孙笑。孙笑自幼体弱多病，最近半年更是不知得了什么怪病，每到夜晚便会被噩梦缠身，梦中常有被九尾天狐追逐的事，吓得他声嘶力竭地哭喊，无论父母如何安抚，都无法让他平静下来。

日复一日，孙笑的啼哭让孙守夫妻心力交瘁，他们四处求医问药，却始终找不到根治之法。就在他们几乎要绝望的时候，一位云游四方的行脚大夫听说了此事，决定伸出援手。

行脚大夫告诉孙守夫妻："这孩子的病，不是普通药石能够医治的，乃是心魔作祟。那九尾天狐乃是凫丽山上的猛兽蛊蛭，肯定是孩子在无意中看到过此兽，被扰乱了心智。"孙守夫妻闻言不住地点头。

行脚大夫继续说道："如果能设法取得一缕蛊蛭的毛发，或许能以其为药引，驱散孩子心中的恐惧。但蛊蛭凶猛无比，还喜欢吃人，此一去必千难万险。但因为蛊蛭喜欢金玉财宝，用这些做诱饵，或许可以觅得一线机会。"

但为了治疗孩子的怪病，孙守夫妻已经顾不得那么多了，他们将家中全部的钱换成黄金，之后在行脚大夫的指引下，踏上了前往凫丽山的旅程。山林中，他们小心翼翼地接近蛊蛭的领地，并以黄金做诱饵，用荆棘做陷阱，意图引诱蛊蛭。

夫妻二人历经千辛万苦，终于成功，一只蛊蛭看到了夫妻二人摆放的黄金，在搜集黄金时被荆棘刮下了很多毛发。

夫妻二人待蛊蛭离开后将毛发搜集起来。回到家中，二人又按照行脚大夫的方法，将那一缕毛发贴在孩子的床头。奇迹发生了，孙笑的噩梦真的消散了。村民们听闻此事，纷纷惊叹不已。从此，孙笑过上了安稳的生活，而那关于蛊蛭的恐怖传说，也在村民们的口中代代相传。

53 吃人的猛兽

蛊雕

分类：奇怪猛兽
属性：水中大雕
外貌：形状像大雕，头上长角
特点：喜欢吃人

《山海经·南山经》有"水有兽焉，名曰蛊雕，其状如雕而有角，其音如婴儿之音，是食人"的说法。

蛊雕是一种在水中生活的动物。它的栖息地在鹿吴山上的泽更水，河水清澈干净，最适合蛊雕生活。

按照《山海经》中的说法，蛊雕的样子应当与雕类似，浑身覆盖着灰棕色的长羽毛，但是它的头上长有独角，声音像婴儿哭叫。也有其他书籍中说蛊雕长得像豹子，身上覆盖着黑白的豹纹，但是嘴巴却像老鹰的喙一样，又尖又长。

不过，这些古书普遍都认为，蛊雕是一个海陆空三栖的异兽。它们不仅能够在水中休憩，还能在陆地奔跑，更能在天空翱翔。

虽说是正儿八经的"全能选手"，蛊雕的天性却十分懒惰。体形庞大的它们，食物主要是人。因为一次能够吞食许多人类，所以它们很久才来人间一次。

据说在鹿吴山附近生活的人们，只有老人们看见过蛊雕吃人的场景，年轻人连蛊雕的模样都没有见过。老人们常告诫年轻人："蛊雕的凶猛不是其他猛兽可以匹敌的。不管人躲在哪里，都能被它们轻松地找到。一旦有人被蛊雕盯上，就不可能有活命的机会。"年轻人则

感叹:"幸好它们好几十年才出山一次,不然的话,村里的人早就被它们吃光了!"

更幸运的是,鹿吴山的年轻人自己变成了老人,也没有等到蛊雕的出现。有人说,都是因为人们活动的范围太大,经常去泽更水取水,打扰了蛊雕的睡眠,才使得那些生性懒惰的蛊雕搬迁到了其他地方。

后来,一个居住在黎云荒原的村民告诉人们:蛊雕在幼年的时候搬迁到了黎云,找到了荒原上最大的山洞,在山洞里休眠。不过,几十年过去了,蛊雕也没有苏醒的迹象。

54 像鹿一样的白尾巴神兽

玃(jué)如

分类： 奇怪猛兽
属性： 皋涂山神兽
外貌： 形状像鹿，长着四只角，前肢人手，后肢马蹄，有白色尾巴
特点： 擅长攀爬，不怕人

> 《山海经·西山经》原文中有"西南三百八十里，曰皋涂之山……有兽焉，其状如鹿而白尾，马足人手而四角，名曰玃如"的说法。

玃如是一种生活在皋涂山上的神兽，它的样子很像鹿，但是又与鹿有着多处区别。比如，它的尾巴不是像鹿一样的花斑色，而是像雪一样的白色。它的头上长着四只角，比鹿多了两只角。它的腿也不像普通的鹿的样子，而是前肢为人手，后肢为马蹄。不过，也正是因为玃如如此奇特的长相，它才没有被人类所猎杀。

传说皋涂山上的生灵众多，除了玃如这种神兽外，还生活着许多其他动物。也正是这个原因，附近生活的猎户常常来这里打猎。

羊、马、鹿、兔子等草食动物，都是猎人最喜欢的猎物。此外，有一些胆大的猎人，还会设下陷阱捕捉老虎、狮子等猛兽。生活在皋涂山上的动物们全都惧怕猎人，每当它们听到人声，就赶忙呼朋引伴地躲藏起来。

玃如与其他动物不一样，它们从不躲藏。有着人类手掌和马蹄的玃如，十分擅长攀爬，它们能够利用前肢攀着峭壁、藤蔓前行，这样

一来，猎人便无法追上它们。

时间长了，来皋涂山捕猎的猎户竟然都不再追逐貜如，他们都知晓自己无法追赶上貜如的步伐，纷纷自觉地将貜如移出了捕猎范围。

于是，在皋涂山上，常常可以看到这样的场景：在其他动物遭遇猎人纷纷逃窜时，貜如则悠闲地啃食着树叶，没有丝毫的慌张。

55 能够辟火的神兽

䍶(huān)疏

分类：效用猛兽
属性：带山巨马
外貌：形状像马，头上长着一只角
特点：毛发和角可以用来辟火

> 《山海经·北山经》原文中记载："又北三百里，曰带山，其上多玉，其下多青碧。有兽焉，其状如马，一角有错，其名曰䍶疏，可以辟火。"

传说北部的带山的上层有许多玉石，山脚下多茂密的树林，山上还居住着一种神奇的动物，它的名字叫作䍶疏。

䍶疏的长相和马十分相像，只不过马的头上没有长角，而䍶疏的头上却长着一只独角。也正是因为独角的存在，人们常常将䍶疏当作中国的独角兽。

相信大家都知道，西方神话当中的独角兽是一种有着独角、通体雪白的神兽。它象征着高贵、神圣，它的血液和毛发都有魔法，它的独角也具有解毒的功效。可以说，西方的独角兽是一种具有传奇色彩的神兽。

与西方的独角兽一样，䍶疏也有一些神奇的功能。根据古书中的记载，䍶疏是一种可以辟火的神兽，只要人们持有䍶疏的毛皮或者独角，家中就不会发生火灾。也正是因为这个神奇的功效，䍶疏一直以来都是深受古人喜爱的一种神兽。

最早发现䍶疏的辟火功能的是一位猎户。猎户在带山打猎时偶然捕捉了一只臛疏,由于他从来没有见过这种神奇的动物,于是便决定放了臛疏。出于感恩,臛疏在猎户将自己放生后的第二天,将自己的独角送到了猎户门前。

原本猎户并不打算收藏这独角,他想将这稀罕物转卖出去,换成家里的口粮。但是猎户的儿子十分喜欢独角,在儿子的再三央求下,猎户最终将独角留了下来。此时的猎户还不知道,被留下的独角竟然

是一个吉祥物。

有一年，邻居家中发生大火，引燃了村里的许多木房。大火过后，村里的房屋不仅都成了灰烬，许多村民也因此丧命。幸存下来的人们发现，村里的房屋只有猎户一家完好无损，甚至没有一丝被大火灼烧的痕迹。

猎户自己也十分好奇，自家房屋明明最接近大火，村里远处的房屋都烧着了，只有自己家的屋子没有事，这到底是什么原因呢？

这时候，猎户的儿子一语道破了天机："爹爹，我知道为何咱家的房子没有被大火烧！这都是因为独角，我看见了，其他邻居家中着火的时候，独角闪着白光，是它保护了咱们的家！"

猎户虽然不相信儿子的话，但是心里也对臛疏独角的功效生了疑惑。一天，他将独角放置在了一处偏僻的房屋，又在屋子里生起了火。神奇的一幕出现了，火焰只要一有蔓延的趋势，独角就会闪光，蔓延的火势就会熄灭。

经过这次实验，猎户肯定了臛疏的独角有着能够辟火的神奇作用。村民们不知从何处得知了这个消息，人们纷纷上山捕捉臛疏，并将臛疏的独角和毛皮留下。于是，没过多久，带山上的臛疏就被人们捕捉得一只也不剩了。

56 能日行千里的神兽

驺(zōu)吾

分类： 效用神兽
属性： 性格温顺的老虎
外貌： 体形像老虎，尾巴比身体还长
特点： 可以骑乘，日行千里

> 《山海经·海内北经》原文中有"林氏国有珍兽，大若虎，五采毕具，尾长于身，名曰驺吾，乘之日行千里"的说法。

在遥远的林氏国中，有一种名为驺吾的神兽，这种神兽的身形大小与老虎相似，身上披着五彩斑斓的花纹。它的尾巴长度远远大于身体的长度，四肢也十分发达，能够日行千里。

酷似老虎的驺吾，没有老虎那样凶残的性格，它们天性善良，性格温和，吃的食物都是自然死亡的动物。

传说，第一个发现驺吾这一特点的人是林氏国的公主。林氏国的公主年幼时身体十分孱弱，国王在臣子的建议下，决定将公主送往万里之外的小岛医治。

根据臣子所言，小岛上居住着世代行医的医学世家，这些医者曾经收治过各种患有疑难杂症的病人，并且还让这些病人一一痊愈了。

国王虽然想要让公主康复，但是却又担心路途过于遥远，公主的身体不能承受旅途的颠簸。

这时候，一位大臣站了出来，他信心满满地告诉国王："国王如果是担心路途时间过长，那就大可以放心。我国有一种名为驺吾的神兽，它虽然长着虎豹的样子，性格却十分温和。驺吾能日行千里，将

公主交给驮吾护送，不出十天，公主就能安全抵达小岛了。"

国王听了这话，就下定决心送公主前去医治。他差人备好了路上的干粮，又为公主准备好了保暖的衣物，并且嘱咐公主，驮吾是护送她的神兽，不会伤害她，所以，她也要将自己的食物分给驮吾。

送别公主这天，驮吾刚刚驮上公主和行李，便"嗖"的一声，消失得无影无踪。公主在驮吾背上只感觉到风声呼啸地从耳边吹过，景物飞快地远去……

一天过去了，公主感觉到有些饥饿，她将国王带来的行李打开，拿出了最爱吃的鸡肉，打算饱餐一顿。这时候，她想起了国王的叮嘱，便将手中的食物分出一半，递给了正在赶路的驮吾。

"咕咕……咕咕……"公主不仅听到了自己肚子叫的声音，还听到了驮吾的肚子饿得"咕咕"叫的声音。可是，驮吾却不肯接受公主的食物。

"明明都饿得不行了，为什么不吃呢？"公主小声嘀咕着。

见驮吾一直不接受自己的食物，公主便放弃了分享食物的念头。她吃饱之后，就默默躺下休息了。

时间一天天过去，公主依旧每天以干粮为食，当然，每次她都会先将食物分给驮吾。只不过，驮吾从未接受过她的好意。直到将公主护送到小岛，驮吾都没有吃一口公主的干粮。

一次，公主在小岛闲逛时，发现驮吾正在海边漫步，好似在寻找什么东西。她观察了好久，终于看到驮吾像找到了什么宝贝似的，快速地奔向那东西，随后就开始大口吞食。

公主定睛一看，才发现驮吾吃的正是一条被海浪冲上岸后死去的大鱼。这时候，公主才恍然大悟，驮吾这种神兽竟然只吃自然死亡的食物！